新能源汽车技术

第 2 版

主　编　关云霞　梁　晨

副主编　张少鹏　徐鸿飞

参　编　缑庆浩　申　彤　武艳俊

　　　　吕晓光　张　翔　陈晴明

机械工业出版社

U0742986

本书主要内容包括新能源汽车概述、电动汽车的基本结构与工作原理、电动汽车动力蓄电池、燃料电池系统和氢系统、电动汽车驱动电机、电动汽车控制系统、电动汽车制动系统、电动汽车空调系统、电动汽车转向系统、电动汽车充电系统及氢气加注系统、智能网联系统。本书采用四色印刷、图文并茂、通俗易懂，将相关视频做成二维码插入书中，以帮助读者自主学习，有效地提升学习效果。

本书由主教材和学习工作页组成，学习工作页分为知识工作页和实训工作页两部分，知识工作页注重理论知识的复习和拓展，实训工作页注重流程和方法的掌握。

本书可作为职业院校新能源汽车技术专业及相关专业的教材，也可作为汽车爱好者的参考书。

本书配有电子课件，凡使用本书作为教材的教师均可登录机械工业出版社教育服务网（www.cmpedu.com）注册后免费下载。咨询电话：010-88379375。

图书在版编目（CIP）数据

新能源汽车技术/关云霞，梁晨主编. —2版. —北京：机械工业出版社，2022.10（2025.8重印）
　ISBN 978-7-111-71411-8

　Ⅰ.①新…　Ⅱ.①关…②梁…　Ⅲ.①新能源-汽车-职业教育-教材　Ⅳ.①U469.7

　中国版本图书馆CIP数据核字（2022）第149899号

机械工业出版社（北京市百万庄大街22号　邮政编码100037）
策划编辑：张双国　　　　　　责任编辑：张双国
责任校对：潘　蕊　张　薇　封面设计：王　旭
责任印制：任维东
北京宝隆世纪印刷有限公司印刷
2025年8月第2版第13次印刷
184mm×260mm·10印张·251千字
标准书号：ISBN 978-7-111-71411-8
定价：49.90元

电话服务　　　　　　　　　　网络服务
客服电话：010-88361066　　机　工　官　网：www.cmpbook.com
　　　　　010-88379833　　机　工　官　博：weibo.com/cmp1952
　　　　　010-68326294　　金　书　网：www.golden-book.com
封底无防伪标均为盗版　机工教育服务网：www.cmpedu.com

关于"十四五"职业教育
国家规划教材的出版说明

为贯彻落实《中共中央关于认真学习宣传贯彻党的二十大精神的决定》《习近平新时代中国特色社会主义思想进课程教材指南》《职业院校教材管理办法》等文件精神，机械工业出版社与教材编写团队一道，认真执行思政内容进教材、进课堂、进头脑要求，尊重教育规律，遵循学科特点，对教材内容进行了更新，着力落实以下要求：

1. 提升教材铸魂育人功能，培育、践行社会主义核心价值观，教育引导学生树立共产主义远大理想和中国特色社会主义共同理想，坚定"四个自信"，厚植爱国主义情怀，把爱国情、强国志、报国行自觉融入建设社会主义现代化强国、实现中华民族伟大复兴的奋斗之中。同时，弘扬中华优秀传统文化，深入开展宪法法治教育。

2. 注重科学思维方法训练和科学伦理教育，培养学生探索未知、追求真理、勇攀科学高峰的责任感和使命感；强化学生工程伦理教育，培养学生精益求精的大国工匠精神，激发学生科技报国的家国情怀和使命担当。加快构建中国特色哲学社会科学学科体系、学术体系、话语体系。帮助学生了解相关专业和行业领域的国家战略、法律法规和相关政策，引导学生深入社会实践、关注现实问题，培育学生经世济民、诚信服务、德法兼修的职业素养。

3. 教育引导学生深刻理解并自觉实践各行业的职业精神、职业规范，增强职业责任感，培养遵纪守法、爱岗敬业、无私奉献、诚实守信、公道办事、开拓创新的职业品格和行为习惯。

在此基础上，及时更新教材知识内容，体现产业发展的新技术、新工艺、新规范、新标准。加强教材数字化建设，丰富配套资源，形成可听、可视、可练、可互动的融媒体教材。

教材建设需要各方的共同努力，也欢迎相关教材使用院校的师生及时反馈意见和建议，我们将认真组织力量进行研究，在后续重印及再版时吸纳改进，不断推动高质量教材出版。

机械工业出版社

前　言

石油短缺、环境污染、气候变暖是全球汽车产业面临的共同挑战，各国政府及产业界积极应对，纷纷提出各自的发展战略，新能源汽车已成为21世纪汽车工业的发展热点。

发展新能源汽车是我国从汽车大国迈向汽车强国的必由之路。新能源汽车作为战略性新兴产业之一，是我国经济高质量发展和绿色发展以及双碳目标达成的重要抓手，在国内的推广得到了各级政府以及社会力量的大力支持。国家各部委联合陆续发出多个重要文件，促进了新能源汽车相关配套政策措施的制定，推动了新能源汽车的大范围示范运行。

本书讲解了新能源汽车的定义，发展新能源汽车的必要性，我国新能源汽车的发展现状，电动汽车的基本结构和工作原理，动力蓄电池的分类、工作原理及相关评价、测评和维修要求，电动汽车的驱动电机，驱动电机在电动汽车上的功能及维修保养注意事项，电动汽车控制系统、电动汽车制动系统、电动汽车空调系统、电动汽车转向系统、电动汽车充电系统及氢气加注系统、智能网联系统等相关知识。

本书由关云霞、梁晨任主编，张少鹏、徐鸿飞任副主编，参加编写的还有缑庆浩、申彤、武艳俊、吕晓光、张翔、陈晴明。

本书在编写过程中参考了大量的相关资料，在此向所有参考资料的作者表示感谢，特别感谢北京卓创至诚技术有限公司的技术支持。

由于编者水平有限和新能源汽车技术发展迅速，书中难免存在疏漏和不妥之处，请广大读者和专家批评指正。

编　者

二维码索引

名称	图形	页码	名称	图形	页码
纯电动汽车及优点		9	测量加速踏板传感器电阻值		43
DC/DC 变换器		10	电机控制器		51
动力蓄电池		20	直流充电接口		71
燃料电池的工作原理		28	交流充电接口		72
整车制动器		42	充电系统		72

目 录

新能源汽车概述

国家《节能与新能源汽车产业发展规划（2012—2020 年)》中给新能源汽车下的定义：新能源汽车是指采用新型动力系统，完全或主要依靠新型能源驱动的汽车。

新能源汽车包括插电式混合动力（含增程式）汽车、纯电动汽车、燃料电池汽车（FCEV）、燃气汽车、其他新能源（如高效储能器、二甲醚）汽车等各类产品。新能源汽车的分类如图 1-1 所示。

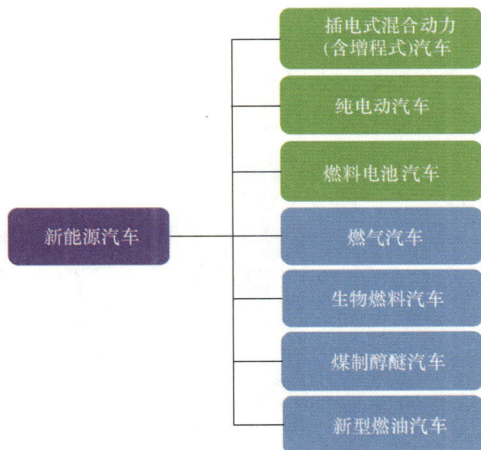

图 1-1　新能源汽车的分类

1.1　国外新能源汽车发展概况

新能源汽车受到各国政府的高度重视，欧洲一些国家和美国先后出台了一系列法律、法规和政策文件，加强对电动汽车关键技术研发和组建产业链的支持，各国推广的模式基本上都是政府介入、多部门联动。

1.1.1　美国

美国拥有着广泛的市场基础以及先进的汽车生产技术，在经济危机大力冲击了传统汽车工业的背景下，美国政府开始将新能源汽车作为国家资源发展战略，并以石油安全为第一目标。早在 20 世纪 90 年代中期，美国政府就制定了新一代汽车合作伙伴（PNGV）计划，致力于研究以电力为动能的纯电动汽车。2002 年，美国政府提出了自由汽车（Freedom Car）计划，开展燃料电池汽车的研发。

随后，美国政府将推动新能源汽车发展作为政府能源政策的重要组成部分。美国参议院于 2009 年 2 月 10 日通过了《2009 年美国复苏与再投资计划》，并于同年 4 月宣布购买 1.76

万辆通用（GM）、福特（Ford）和克莱斯勒（Chrysler）制造的包括新能源汽车在内的节能车辆；同时，加大对国内汽车制造商研制、生产电动汽车的贷款资助，福特、日产北美公司和特斯拉公司于 2009 年 6 月获得了 80 亿美元的贷款；同年 8 月，美国政府宣布将向车用蓄电池、电动驱动装置等 48 个项目提供总额 24 亿美元的补助金，加快新能源汽车的技术研发，提高国际竞争力。此外，美国政府还投入 4 亿美元支持充电桩等基础设施的建设。

2009 年，由美国能源、电网、运输、汽车、通信等领域的十多家企业巨头共同发起并宣布成立美国电动汽车联盟，主要致力于从政策和行动上推动大规模实施电动汽车计划，最终改变美国经济、环境和对石化能源严重依赖的现状，实现美国电动汽车运输的革命性变化。其发展目标和行动计划的主要内容有：①到 2040 年美国将拥有 2.5 亿辆电动汽车，其中 3/4 的轻型车为电动汽车，届时美国轻型车耗油量将减少 75%，使美国基本上摆脱进口石油依赖；②争取到 2020 年，全美拥有电动汽车 1400 万辆，近 1/4 的轻型汽车为纯电动汽车或插电式电动汽车；③呼吁联邦政府拨款 1300 亿美元，资助电动汽车动力蓄电池的开发、生产和传统汽车厂商的转型；呼吁出台有吸引力的鼓励民众使用电动汽车和建设电动汽车基础设施的税收激励或财政补助等政策措施，到 2018 年全美初步形成良好的电动汽车产业系统。图 1-2 所示为特斯拉纯电动汽车。

2013 年，美国能源部发布《电动汽车普及蓝图》，明确美国未来十年在电动汽车动力蓄电池、电机等关键技术领域的研发方向。2016 年，美国政府出台了 "加快普及电动汽车" 计划声明，进一步推广电动汽车和充电基础设施建设。

2021 年，美国新能源乘用车销量约为 65.3 万辆，新能源汽车市场渗透率仅 4.2%。整体来看，美国新能源汽车市场仍然停留在以政策驱动的阶段，由特斯拉带动市场主旋律。综合考虑特斯

图 1-2 特斯拉纯电动汽车

拉现有车型的投放量，未来的车型规划及对应市场空间，预计 2025 年特斯拉美国工厂产销量将超 100 万辆，动力蓄电池装机 96GW·h。

除特斯拉外，目前在美国地区规划清晰、积极响应的主要是通用汽车公司，其计划在 2025 年推出 30 款电动汽车，其中 2/3 在美国，并计划于 2025 年在中国、美国合计销售 100 万辆电动汽车。

1.1.2 日本

日本是最早开始发展电动汽车的国家之一。在 1965 年日本就启动了电动汽车的研制计划，并正式把电动汽车列入国家项目，并于 1967 年成立了电动汽车协会以促进电动汽车事业的发展。随着日益严峻的能源形势和减排压力，近年来日本扶植的对象主要集中在纯电动汽车（EV）、插电式混合动力汽车（PHV）和燃料电池汽车（FCEV）方面。

2006 年 6 月，日本政府制定了《2030 年国家能源战略》，提出发展各类新能源等战略构想，对新能源予以减税、政府财政补贴等政策支持，以期到 2030 年将日本对石油的依赖程度降低到 40%。

2010 年 4 月，日本经济产业部发布了面向未来的国内机动车产业指导规划——《新一代汽

车战略 2010》，目标是到 2020 年，在日本销售的新车中，纯电动汽车和混合动力汽车在整体销量中的占比达到 50%；到 2030 年，占比扩大至 70%，并计划在 2020 年前在全国建成 200 万个家用普通充电设备、5000 个快速充电站。相较于美国，日本早期更偏向发展燃料电池电动汽车和混合动力电动汽车。混合动力电动汽车车型最经典的为丰田普锐斯，其共有 4 代车型的迭代，最为突出的是第 2 代普锐斯，该车型出自丰田 MC 平台，并且沿用了代号 1NZ-FEX 的 1.5L 直列四缸自然吸气发动机，而 500V 电动机的最大功率为 50kW（68 马力），最大转矩为 400N·m。燃料电池电动汽车车型最经典的是 Mirai，其共有两代车型的迭代，最为突出的是 Mirai I，这款车是严格意义上第一款商业化应用的燃料电池电动汽车。该车于 2014 年 12 月上市，JC08 燃油模式测试工况下续驶里程为 650km，单次补氢时间约 3min，百公里加速小于 10s，燃料电池电堆发出的电能需要经过升压变频器升压到 650V，满足电动机的最大输出需求。其具体参数见表 1-1，结构如图 1-3 所示。

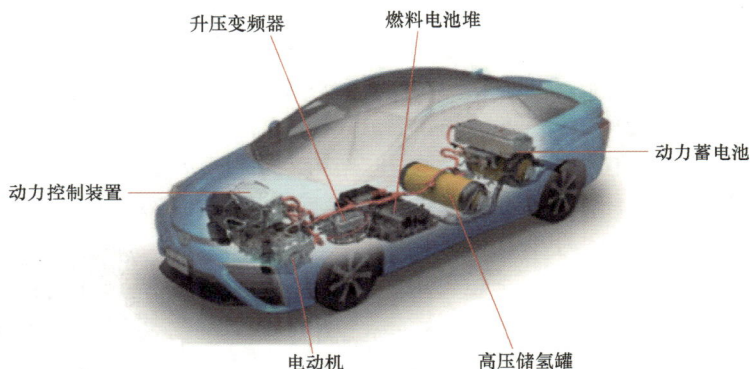

图 1-3　Mirai 动力及储氢系统布局图

表 1-1　Mirai 燃料电池电动汽车与 2008 款 FCV adv 车型对比

车型	2015 Mirai 量产型	2008 款 FCV adv
燃料电池最大功率/kW	114	100
燃料电池功率密度/(kW/L)	3.1	1.4
燃料电池系统体积/L	37	64
燃料电池系统质量/kg	56	108
续驶里程/km	500	—
百公里加速时间/s	9.6	9.6
最高时速/(km/h)	175	150
加氢时间/min	3	—
最大转矩/(N·m)	335	220
辅助蓄电池功率/kW	1.6(镍氢电池)	—
储氢罐参数	2 个 70MPa 罐体,储氢质量效率为 5.7%	2 个罐体,储氢质量效率为 4.7%

1.1.3　德国

近年来，德国凭借在可再生能源领域的领先技术，全力推动新能源汽车发展。2007 年，德国政府通过了综合能源与气候计划（IECP），电动交通工具成为其主要内容之一，明确提出需制订德国在电动交通工具领域的发展规划。2009年年初，德国政府通过了500亿欧元的经济刺激计划，其中很大一部分资金用于电动汽车研发、汽车充电站网络建设和可再生能源开发。

2009年8月，德国经济部、交通事务部、环境自然部和教育部联合制定了国家电动交通工具发展计划，重点推进动力蓄电池核心技术研发，提升电动汽车在新注册车辆中的比例，推动电动汽车使用来自可再生能源的电力，计划至2020年电动汽车保有量达100万辆。该计划共耗资5亿欧元，其中1.7亿欧元用于支持研发动力蓄电池，分为3个阶段实施：其中2009—2011年为市场准备阶段，2011—2016年为市场升级阶段，2017—2020年为大众市场阶段，最终目标是使德国成为世界电动交通工具市场的领头羊。

为进一步促进电动汽车的使用，德国发布了《电动汽车使用特权法》，电动汽车拥有使用公交车道、免费专属停车位、限制通行区域豁免权等特权。为落实这些特殊规定，电动汽车将安装特别的车牌以区别其他社会车辆，该法案已于2015年生效，有效期将到2030年。2016年10月，德国联邦参议院正式通过了《零排量交通解决方案策略》，计划从2030年开始不再销售传统燃油汽车。

在降低电动汽车购买成本方面，德国通过了新的电动汽车促销措施及税收优惠政策。财政部计划提供共计12亿欧元的补贴，购买电动汽车的车主将得到4000欧元的补贴，购买插电式混合动力电动汽车的车主将得到3000欧元的补贴，补贴费用由政府和汽车制造商分摊。

此外，德国还加大了对充电基础设施建设的支持力度。2015年5月，德国政府宣布将强化充电网络建设，计划投资约3亿欧元，在全德国范围建造1.5万个充电站。图1-4所示为宝马i3电动汽车。

2018年，德国推出《高技术战略2025》，提出将继续支持对车用蓄电池和合成燃料的研究，未来无污染驱动系统和电动汽车仍然是关键的研发任务。

2021年，欧洲新能源汽车销量增长了近70%，达到近230万辆，占全球市场份额的34.7%，其中约一半是插电式混合动力电动汽车。总体来看，新能源汽车占欧洲汽车总销量的17%。从绝对值来看，2021年欧洲最大的新能源汽车市场是德国。

图1-4　宝马i3电动汽车

1.1.4　韩国

韩国政府高度重视新能源汽车的开发，在法律保障、税收优惠等多方面进行了扶持。2008年9月，韩国政府发布了《绿色能源产业发展战略》，提出将绿色汽车作为推进阶段性增长动力的重点领域。2009年6月，韩国政府宣布在5年内直接投入1500亿韩元，并调动民间资金5500亿至7200亿韩元，用于提高汽车能效的技术研发，使韩国国产汽车的平均能效每年提高5%。2009年11月，韩国政府设定了一个自愿减排目标：到2020年，将在2005年的基础上减排4%。

2015年11月，韩国产业通商资源部在应对气候变化与新能源产业研讨会上公布了韩国"2030新能源产业扩散战略"，争取到2030年把韩国纯电动车的累计销量增加到100万辆，其具体措施包括把一次充电后的续驶里程提高1.5倍，到2030年全国建成1400个基础充电站，建成80座用于燃料电池汽车的加氢站，还计划到2030年把3.3万多辆市区公交车全部电动汽车化。

为了鼓励消费者购买新能源汽车，韩国政府还加大补贴力度。从 2004 年开始，对混合动力车辆进行补贴，每辆车可以获得 2800 万韩元的补贴；2011 年，购买新能源汽车的消费者可以减免 5% 的消费税和 7% 的注册税，最高可享受 420 万韩元的优惠；2016 年，电动汽车的购买者可以获取国家补贴和减税补贴，以及快速充电器的安装费。对于加氢站，每座加氢站分别给予建设补贴、运营补贴和减免土地租赁费用，其中建设补贴 30 亿韩元，运营补贴为上年运营的 2/3，土地租赁费用减免 50%；2018 年，韩国政府和地方政府对首尔和蔚山的燃料电池公交车分别给予 2 亿韩元和 1000～1250 万韩元的补贴。图 1-5 所示为现代 ix350FCV 动力及储氢系统布局图。

图 1-5　现代 ix350FCV 动力及储氢系统布局图

1.1.5　其他国家

1995 年，法国政府制定了支持电动汽车发展的优惠政策，对购买电动汽车提供每辆最高 1.5 万法郎的补贴，并规定自 2008 年 1 月 1 日起，政府按所购买新车的二氧化碳排放量，对车主给予相应的现金"奖罚"，以鼓励购买低排量环保车型。2008 年 10 月，法国政府宣布投入 4 亿欧元用于研发和制造清洁能源汽车，同时在工作场所、超市和住宅区等大力推进充电站建设，保证电动汽车充电便捷。2009 年 10 月，法国政府公布了旨在发展电动汽车和充电式混合动力电动汽车的计划，目标是在 2020 年前生产 200 万辆清洁能源汽车。

2015 年，《绿色增长能源过渡法案》要求汽车租赁公司、出租车和运输车辆的运营商所运营车辆中有 10% 为低排放车辆。2018 年，实行 TVS 税（即企业税）：碳排放不大于 60g/km 的车辆永久免税，对于碳排放在 60～100g/km 的车辆暂时免税 TVS 费率的第一部分。同年，法国投入 4 亿欧元用于清洁汽车产品的研发和制造；报废高能耗的旧车并给予相应的现金奖励；在工作场所、超市和住宅区等大幅增加充电站等配套措施，对电动汽车的顺利运动提供保障。2019 年，对于政府车辆，要求政府机构更新的 50% 车辆必须是纯电动汽车（BEV）或插电式混合动力电动汽车（PHEV），而地方政府在更新或扩充车队时（不少于 20 辆）购买至少 20% 的低碳轻型车辆（3.5t 以下），更新当地政府车队时，将清洁车辆的最低目标定为 31%，并将从 2026 年起向上修订。

为鼓励更多人购买新能源汽车，英国政府自 2011 年 1 月起为购买符合标准的新能源汽车消费者提供补贴，乘用车补贴额为车价的 25%，最高补贴金额为 5000 英镑；货运车辆补贴额为车价的 20%，上限为 8000 英镑。此外，英国政府还为新能源汽车制定了一些税收减免优惠政策，如免除公路税、燃油税、提高车辆折旧减免优惠额等。一些地方政府对新能源汽车也有特殊优惠政策，如伦敦市政府为新能源汽车免除了进城拥堵费等，并大力推进基础设施建设，完善充电点布设。2014 年，英国宣布实施"2015—2020 年电动汽车激励计划"。在之后 5 年中，投入 5 亿英镑用于新能源公交及出租车、环保汽车的研发制造、充电设施建设等。2015 年，英国投入 3200 万英镑用于充电基础设施建设。2016 年，英国政府宣布在 2017—2020 年将投入 8000 万英镑用于充电基础设施建设。2017 年，英国计划投资 2300 万英镑来推动加氢站的建设。2018年，"零排放之路"计划：蓄电池技术方面投入2.46亿英镑；充电设施投入方面，到2020年临街住宅充电设施投资450万英镑，工作场所充电设备的补贴改为购买和安装费用的75%；上限由300英镑提高到了500英镑；公共交通方面，对公交和出租车分别投入4800万英镑和至少600万英镑。2018年，英国政府要求未来建设的房屋要预留相应的位置和空间用于电动汽车充电设备的安装，具有前瞻性

与美国、日本和德国相比，英国在新能源汽车技术的研发上投入较少。从2012年到2021年8月，英国登记在册的电动汽车约有60万辆，其中插电式混合动力电动汽车（PHEV）约有30.5万辆，纯电动汽车（BEV）相对少一些，为30万辆。2020年是英国电动汽车（包括混动和纯电）注册数量增长最快的一年，有超过17.5万辆电动汽车注册，比2019年增长了66%。近几年来，英国新注册电动汽车数量占所有新车的比例有了明显的增长。2015年，只有1.1%的注册新车为电动汽车；2019年，这一比例增加到了3.2%。截至2020年12月底，这一数字已猛增至10.7%（其中纯电动汽车占6.6%，插电式混合动力电动汽车占4.1%）。2021年，英国电动汽车的销量继续以强劲的势头增长。

1.2　我国新能源汽车的发展

我国新能源汽车产业起步较晚，始于21世纪初。2001年，新能源汽车研究项目被列入国家"十五"期间的"863"重大科技课题，并规划了以汽油汽车为起点，向氢动力汽车目标挺进的发展战略；"十一五"以来，我国提出了"节能和新能源汽车"战略，政府高度关注新能源汽车的研发和产业化，形成了完整的新能源汽车研发、示范布局。

2008年是我国新能源汽车的"元年"，我国自主研发的新能源汽车在北京奥运会期间批量示范应用（图1-6），为实现奥林匹克中心区域交通"零排放"，中心区域周边地区及奥林匹克交通有限路线交通"低排放"目标提供了保障，充分体现了"绿色奥运、科技奥运、人文奥运"的理念，也为参与新能源汽车研发的国内企业提供了一次面向世界的展示机会。

北京奥运会后，科学技术部、财政部、国家发展和改革委员会、工业和信息化部于2009年1月共同启动了十城千辆节能与新能源汽车示范推广应用工程（简称"十城千辆"工程），主要内容

图1-6　运动员在北京奥运会期间乘坐电动客车

是通过提供财政补贴的方式，用3年左右的时间，每年发展10个城市，每个城市推出1000辆新能源汽车，在公交、出租、公务、市政、邮政等领域开展示范运行，目标是使全国新能源汽车的运营规模到2012年占到汽车市场份额的10%。与此同时，财政部和科技部联合发布的《节能与新能源汽车示范推广财政补助资金管理暂行办法》（财建〔2009〕6号），明确纳入《节能与新能源汽车示范推广应用工程推荐车型目录》中的车型将按一定标准享受财政补贴，其中商用车市场上的增长潜力已开始激发释放，市场产品趋于多样化。

"十城千辆"工程首批确定的试点城市有13个，分别是北京、上海、重庆、长春、大连、杭州、济南、武汉、深圳、合肥、长沙、昆明、南昌；第二批确定的城市有7个，分别是天

津、海口、郑州、厦门、苏州、唐山、广州；第三批确定的试点城市有成都、沈阳、南通、襄樊和呼和浩特。到 2010 年，共有 25 个城市参加了"十城千辆"工程示范运行试点。"十城千辆"工程的启动实施，为新能源汽车发展积累了大量的运行数据和经验，并推动我国新能源汽车整车和产业链初具规模。

2010 年 5 月，财政部、科学技术部、工业和信息化部、国家发展和改革委员会共同印发了《关于开展私人购买新能源汽车补贴试点的通知》（财建〔2010〕230 号），在全国范围内开展私人购买新能源汽车补贴试点工作。

2012 年 6 月，国务院印发了《节能与新能源汽车产业发展规划（2012—2020 年）》，规划指出：加快培育和发展节能汽车与新能源汽车，既是有效缓解能源和环境压力，推动汽车产业可持续发展的紧迫任务，也是加快汽车产业转型升级、培育新的经济增长点和国际竞争优势的战略举措。规划提出以纯电驱动为新能源汽车发展和汽车工业转型的主要战略取向，到 2015 年，纯电动汽车和插电式混合动力电动汽车累计产销量力争达到 50 万辆；到 2020 年，纯电动汽车和插电式混合动力电动汽车生产能力达 200 万辆、累计产销量超过 500 万辆，燃料电池汽车、车用氢能源产业与国际同步发展。

2013 年 9 月，财政部、科学技术部、工业和信息化部、国家发展和改革委员会共同印发了《关于继续开展新能源汽车推广应用工作的通知》（财建〔2013〕551 号），提出加快新能源汽车产业发展，2013—2015 年继续开展新能源汽车推广应用工作，特大型城市或重点区域新能源汽车累计推广量不低于 10000 辆，其他城市或区域累计推广量不低于 5000 辆。图 1-7 所示为电动出租车、电动公交车。图 1-8 所示为电动乘用车。

图 1-7　电动出租车、电动公交车

图 1-8　电动乘用车

2014 年 8 月 1 日，财政部、国家税务总局、工业和信息化部发布《关于免征新能源汽车车辆购置税的公告》，明确对购置的新能源汽车免征车辆购置税。

2015 年 4 月，财政部、工业和信息化部、国家发展和改革委员会联合发布《关于 2016—2020 年新能源汽车推广应用财政支持政策的通知》，进一步明确了不同新能源汽车的具体补贴标准。

2015 年 9 月的两次国务院常务会议提出要完善新能源汽车扶持政策，支持动力蓄电池、燃料电池汽车等的研发，开展智能网联汽车示范试点，强调新能源汽车实行不限行、不限购政策；在基础设施方面，明确要求新建住宅停车位建设或预留安装充电设施的比例应达到 100%，大型公共建筑物、公共停车场不低于 10%。

在政策叠加效应下，我国新能源汽车进入快速发展轨道。表 1-2 为 2014~2019 年国内新能源汽车产销量统计表。从表中可以看出，从 2014 年开始，我国新能源汽车的产销量均在逐年增加，2018 年首次突破 100 万辆，但受到国家对新能源汽车补贴标准下滑的影响，2019 年有小幅度的下滑。

为了维持新能源汽车的高速发展势头，国家发展和改革委员会、工业和信息化部、财政部以及科技部联合发布了《关于完善新能源汽车推广应用财政补贴政策的通知》（财建〔2020〕86 号），文件中明确新能源汽车推广应用补贴政策实施期限延长至 2022 年底，同时平缓补贴退坡力度和节奏。

表 1-2　2014~2019 年国内新能源汽车产销量统计表

年份	2014 年	2015 年	2016 年	2017 年	2018 年	2019 年
产量/万辆	7.85	34.05	51.7	79.4	127	124.2
销量/万辆	7.48	33.11	50.7	77.7	125.6	120.6

2020 年 11 月 2 日，国务院办公厅正式发布了《新能源汽车产业发展规划（2021-2035 年）》（以下简称《规划》）。《规划》明确了充分发挥市场在资源配置中的决定性作用，强化企业在技术路线选择、生产服务体系建设等方面的主体地位；更好发挥政府在战略规划引导、标准法规制定、质量安全监管、市场秩序维护、绿色消费引导等方面的作用，为产业发展营造良好环境。《规划》将引导新能源汽车产业有序发展，推动建立全国统一市场，提高其产业集中度和市场竞争力。

电动汽车的基本结构与工作原理

电动汽车指从车载储能装置中获得电能，以电动机驱动，并能满足在正规道路上行驶的各种法规要求的车辆。图 2-1 所示为电动汽车工作原理图。

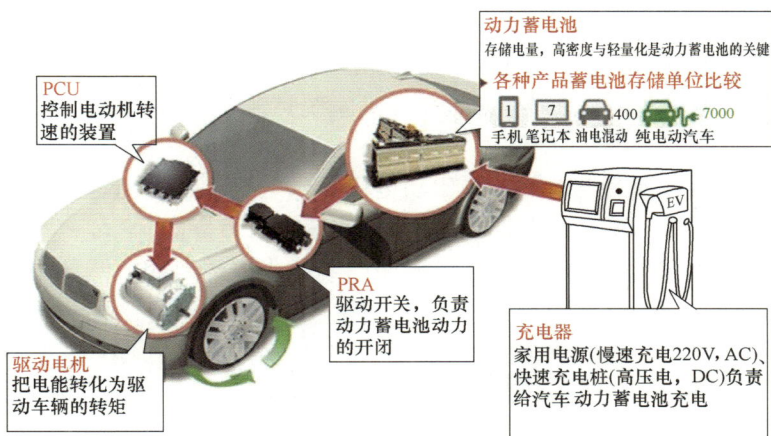

动力蓄电池
存储电量，高密度与轻量化是动力蓄电池的关键
各种产品蓄电池存储单位比较

1	7	400	7000

手机 笔记本 油电混动 纯电动汽车

PCU
控制电动机转速的装置

PRA
驱动开关，负责动力蓄电池动力的开闭

充电器
家用电源(慢速充电220V, AC)、快速充电桩(高压电，DC)负责给汽车动力蓄电池充电

驱动电机
把电能转化为驱动车辆的转矩

图 2-1　电动汽车工作原理图

电动汽车通常分为纯电动汽车（BEV）、混合动力电动汽车（HEV）和燃料电池电动汽车（FCEV）三大类。

2.1　纯电动汽车

2.1.1　纯电动汽车简介

纯电动汽车指驱动能量完全由电能提供、由电机驱动的汽车。它可以通过家用电源、专用充电桩或者特定的充电场所进行充电，以满足日常的行驶需求。纯电动汽车本身不排放有害气体，不对环境造成污染；使用过程中有良好的经济效益；具备结构简单、维修方便、能量利用效率高及噪声小等优点。

纯电动汽车的驱动系统由驱动电机、动力蓄电池和传动机构构成，如图 2-2 所示。

纯电动汽车及优点

纯电动汽车的使用成本较低，由于结构简单，其周期性维护项目少、维护费用比普通汽车低很多，一般更换齿轮油、制动片即可。同时，纯电动汽车没有传统汽车发动机等机构的噪声，而且驱动电机在低速条件下可以实现高转矩，使得纯电动汽车的起动和加速性能也很好。考虑到电能转化率和气候等因素，纯电动汽车实际续驶里程会随着动力蓄电池性能的变化而变化。

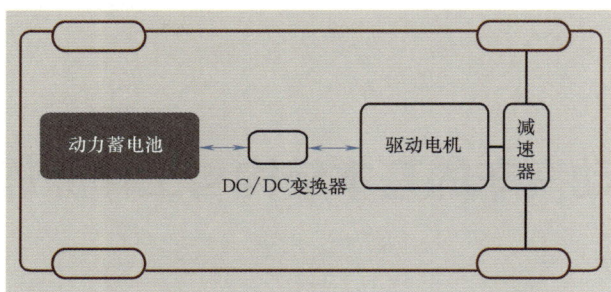

图 2-2　纯电动汽车驱动系统示意图

2.1.2　纯电动汽车的结构

除了车身、底盘等传统内燃机汽车上具备的组成部分，纯电动汽车还包括由电驱动系统、蓄电池系统及电控系统组成的"三大电"系统和由电制动、电转向、电空调组成的"三小电"系统。其中，由驱动电机和控制系统组成的电驱动系统是纯电动汽车的动力核心，也是区别于传统内燃机汽车的最大不同点，如图 2-3 所示。

（1）电源　动力蓄电池为电动汽车的驱动电机提供电能。目前纯电动汽车使用的动力蓄电池包括磷酸铁锂蓄电池、锰酸锂蓄电池、三元锂离子蓄电池等。

（2）驱动电机　驱动电机的作用是将电源的电能转化为机械能，通过传动装置或者直接驱动车轮和工作装置。

（3）电控系统　电动汽车的各个组成部分都需要由控制单元进行管理和控制，包括了整车控制器、蓄电池管理系统及电机控制器等，相互之间通过 CAN 总线或其他方式进行通信，实现整车的驱动行驶。

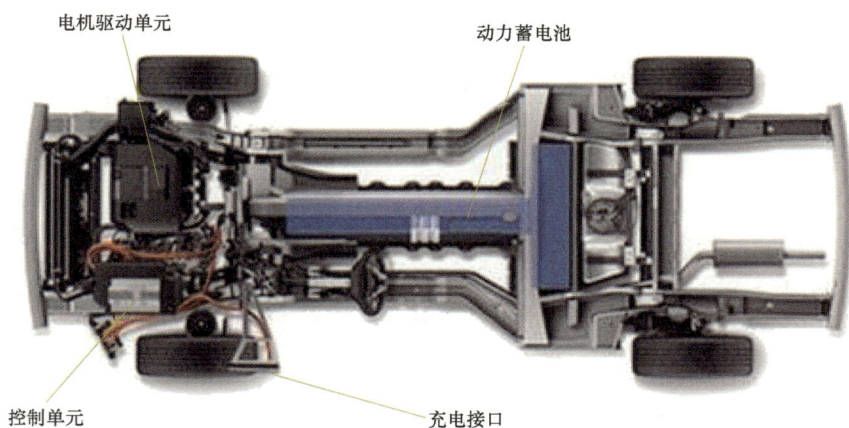

图 2-3　纯电动汽车的结构

DC/DC
变换器

2.1.3　纯电动汽车的工作原理

如图 2-4 所示，动力蓄电池作为纯电动汽车的唯一动力源为全车提供电能，蓄电池管理系统对动力蓄电池进行控制，包括充、放电的倍率大小、时间、温度等。当电流由动力蓄电池输出后，经 DC/DC 变换器输入到电机控制器，实现了电能到机械能的转化，并由驱动电机进行动力输出，之后经减速机构与车辆输出轴相连。

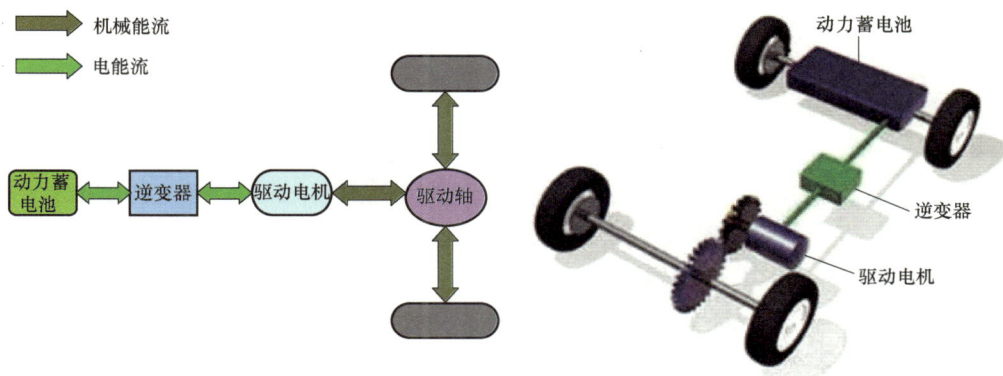

图 2-4　纯电动汽车的工作原理

2.2　混合动力电动汽车

2.2.1　混合动力电动汽车定义

混合动力电动汽车（HEV）指能够至少从可消耗的燃料、可再充电能/能量储存装置两类车载储存的能量中获得动力的汽车。大多数混合动力电动汽车包含一个传统发动机和一个或多个电动机，燃油箱或储气瓶为传统发动机提供燃料，动力蓄电池作为电动机的储能模块提供电能。混合动力电动汽车充分利用了发动机和电动机两种动力源的优点，通过自动控制形成最佳匹配。在部分工况下，动力蓄电池可以储存发动机多余的能量，并回收车辆制动过程中产生的制动能，同时还能输出给电动机用于动力输出。混合动力电动汽车的结构如图 2-5 所示。

图 2-5　混合动力电动汽车的结构

2.2.2　混合动力电动汽车的分类

1. 按照动力系统结构形式分类

混合动力电动汽车常见的分类方式是按照动力系统的结构形式分类，可以将目前现有的混合动力电动汽车分为串联式、并联式和混联式 3 种。此外，根据动力蓄电池是否需要外接充电设施充电，又分出了插电式混合动力电动汽车。

（1）串联式混合动力电动汽车　在串联形式中，发动机并不直接提供动力，也不能单独带动车轮，而仅用于带动发电机为动力蓄电池充电，提供电动机运行的电能。图2-6所示为串联式混合动力电动汽车的结构示意图。动力蓄电池对发电机产生的能量和电动机需要的能量进行调节，从而保证车辆正常工作。

串联式混合动力电动汽车的优点是发动机—电动机与动力蓄电池的布置位置灵活；传动系统简单；适用于频繁起停的短途行驶。其缺点是需要发动机、电动机、发电机3个驱动组件；为满足功率需求，电动机的外形尺寸较大、质量较大；在发动机-发电机-电动机系统机械能-电能-机械能的能量转换过程中，能量损失较大。

（2）并联式混合动力电动汽车　在并联式混合动力系统中，发动机和电动机与车轮均有机械连接，都可以单独驱动车轮，也可以协同工作共同驱动车轮。这种系统适用于多种不同的行驶工况，尤其适用于复杂的路况。目前，并联式混合动力系统多用于微混与轻混车型，电动机更多地用于车辆起步和加速时动力的辅助。并联式混合动力电动汽车的结构示意图如图2-7所示。

图2-6　串联式混合动力电动汽车的结构示意图

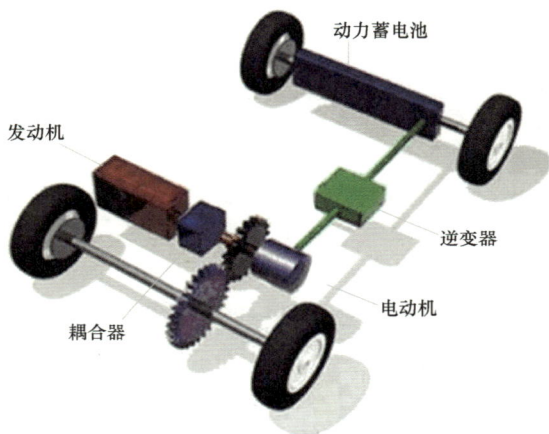

图2-7　并联式混合动力电动汽车的结构示意图

还有一种并联结构是由发动机和电动机各负责驱动前轮或后轮，两者互为动力补充，如图2-8所示。其中，绿色部分是由燃油箱、发动机及传动系统组成的传统燃油动力驱动系统，主要驱动前轮；蓝色部分是由动力蓄电池、驱动电机及传动机构组成的电力驱动系统，主要驱动后轮。

图2-8　并联结构混合动力电动汽车动力总成

　　并联式混合动力电动汽车的优点是电动机同时作为发电机，同串联系统相比减少了一个驱动组件；发动机可直接驱动车辆，当车辆需要最大输出功率时，电动机可以提供额外的辅助动力，因此可选择搭载小功率发动机，燃油经济性得到改善。其缺点是来自发动机和电动机的两个平行能量源的管理和混合比较复杂；发动机和电动机的功率混合需要复杂的机械装置。

　　（3）混联式混合动力电动汽车　除了串联和并联的形式，目前混合动力电动汽车上用到最多的是混联式结构。混联式混合动力电动汽车综合了串联和并联的特点，两种动力单元既可以单独驱动车辆，也可以共同协作，同时由于具有单独的发电机，发动机可以在与电动机共同工作时对动力蓄电池进行充电，从理论上讲，也可以实现串联（即增程式）的工作方式。混联式混合动力电动汽车的结构示意图如图2-9所示。

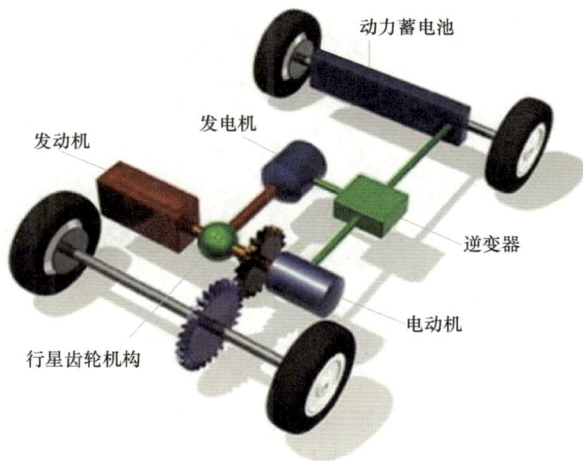

图 2-9　混联式混合动力电动汽车的结构示意图

　　采用混联式混合动力系统的车型在市场上有很多，例如第三代普锐斯、雷克萨斯 CT200h 等。此外，海外版的雅阁 PHEV 车型由于搭载了混联式混合动力系统及插电模式，在日本 JC08 测试规定模式下实现了 3.3L/100km 的超低油耗。

　　混联式动力系统的优点是有多个动力总成，比串联形式的动力总成的功率、质量和体积都小；系统有多种工作模式，节能效果佳，有害气体排放量少；利用电动机低速转矩大的特点，在城市道路上纯电动模式行驶不仅起步灵敏，还能实现零排放、零污染。混联式动力系统也有一定的缺点：发动机工况受到车辆行驶工况的影响较大；需要两套驱动系统，机械传动及耦合装置结构复杂，总体布置及连接较困难。

　　2. 按照动力混合程度分类

　　混合动力电动汽车按照传统内燃机和电动机动力的混合程度不同，可分为微度混合型（电动机峰值功率和发动机的额定功率比不大于 5%）、轻度混合型（电动机峰值功率和发动机的额定功率比为 5%~15%）、中度混合型（电动机峰值功率和发动机的额定功率比为 15%~40%）和深度混合型（电动机峰值功率和发动机的额定功率比大于 40%）。

　　（1）微度混合动力电动汽车　微度混合动力电动汽车也称为起—停混合动力电动汽车。在微度混合动力电动汽车中，电动机仅作为内燃机的起动机或发电机使用，不为汽车行驶提供持续动力，通常是在传统内燃机的起动机上加装传动带驱动起动机。如图 2-10 所示，该电机为发电/起动一体化电动机，用来控制发动机的起动和停止，从而取消发动机的怠速，降低了油耗和排放。一般微度混合技术可以节省油耗 4.5%。

　　配备该起停技术的车辆在行驶中只要直接踩制动踏板，车辆完全停止约 2s 后发动机就会自动熄火；一直踩着制动踏板，则发动机就会保持停转。只要一松开制动踏板或者转动转向盘，发动机会立刻自动点火，驾驶人可以踩加速踏板使车辆起步。

　　（2）轻度混合动力电动汽车　轻度混合动力电动汽车也称为辅助驱动混合动力电动汽车。与微度混合动力系统相比，轻度混合动力系统除了能够实现用发电机控制发动机的起动和停

图 2-10　微度混合动力电动汽车电动机

止，还能够实现：在减速和制动工况下，对部分能量进行吸收；在行驶过程中，发动机等速运转，发动机产生的能量可以在车轮的驱动需求和发电机的充电需求之间进行调节。通常此种混合动力系统采用集成起动电机，车辆以发动机为主要动力来源。

（3）中度混合动力电动汽车　与轻度混合动力系统不同，中度混合动力系统采用的是高压电机。另外，中度混合动力系统还增加了一个功能：在汽车处于加速或者大负荷工况时，电动机能够辅助驱动车轮，补充发动机本身动力输出的不足，从而更好地提高整车的性能。一般中度混合动力技术能节约油耗 10%～20%。

（4）深度混合动力电动汽车　深度混合动力电动汽车也称为完全混合或重度混合动力电动汽车。深度混合动力电动汽车通常采用大容量动力蓄电池给电动机供电并以纯电动模式运行，同时具有动力切换装置，用于发动机、电动机各自动力的耦合和分离，如图 2-11 所示。在起步、倒车、起步—停车、低速行驶等情况下，车辆可以以纯电动模式行驶；在急加速时，电动机和内燃机一起驱动车辆，并具有制动能量回收的能力。与轻度混合动力电动汽车相比，

图 2-11　深度混合动力电动汽车

在驱动车辆的两种动力源中，电动机的功率更大。

混合程度越深，则内燃机系统可更长时间地工作在最佳工况下，将汽车行驶时发动机的后备功率进行充分利用。深度混合使发动机和电动机互相补充了各自在不同工况时动力性上的不足，因而节能减排效果更为明显，一般油耗可降低 20%～40%。

3. 按照动力蓄电池能量补充方式分类

混合动力电动汽车按照外接充电能力分为可外接充电式混合动力电动汽车和不可外接充电式混合动力电动汽车。插电式混合动力电动汽车属于可外接充电式混合动力电动汽车。

插电式混合动力电动汽车（PHEV）可以通过外界电源来对动力蓄电池进行充电。插电式混合动力电动汽车由于有着较长的纯电动续驶里程，同时可以通过插电为动力蓄电池充电，因此在燃油经济性方面的表现较为突出，并且可以兼顾甚至增强车辆的动力表现。图 2-12 所示为混联模式下的插电式混合动力电动汽车的结构示意图。从图中可以看到，区别于普通混联式混合动力电动汽车，在插电式混合动力电动汽车的动力蓄电池侧可以连接外接电源，一方面车辆在停止时可以通过外接充电设备进行充电，另一方面车辆在行驶过程中可以通过发动机驱动或通过发电机给动力蓄电池充电。当车辆在短途使用时，仅需要使用动力蓄电池中的能量即可满足要求；当车辆需要长距离行驶时，发动机介入，这样既保证了车辆的续驶里程，也降低了整车的燃油消耗率。

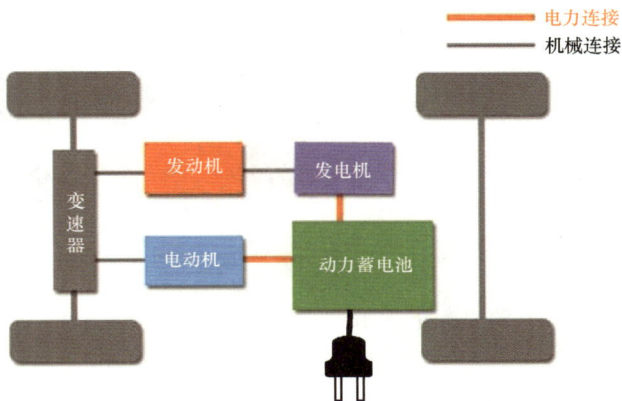

图 2-12　插电式混合动力电动汽车的结构示意图

与普通混合动力电动汽车相比，插电式混合动力汽车的动力蓄电池相对比较大，可以外部充电，并具备纯电动模式行驶的能力，可以在动力蓄电池电量耗尽时以混合动力模式（串联或并联）行驶，然后适时给动力蓄电池充电。例如丰田普锐斯插电式混合动力电动汽车（图 2-13）在纯电动模式可以行驶 30km，百公里综合油耗低至 2L。

图 2-13　丰田普锐斯插电式混合动力电动汽车

插电增程式混合动力电动汽车属于插电式混合动力电动汽车中的串联式混合动力车型。如图 2-14 所示，当动力蓄电池电量充足时可采用纯电动模式行驶，而当电量达到一定限值时，增程器起动，由增程式发动机带动发电机为动力蓄电池充电，提供驱动电机运行的电能。增程式发动机根据工况需求可以长期运转在较为经济且高效的工况下，因此相比于传统燃油车型，增程式混合动力电动汽车在增程状态下依然具有燃油消耗优势，同时具有电动汽车运行平顺的优点。

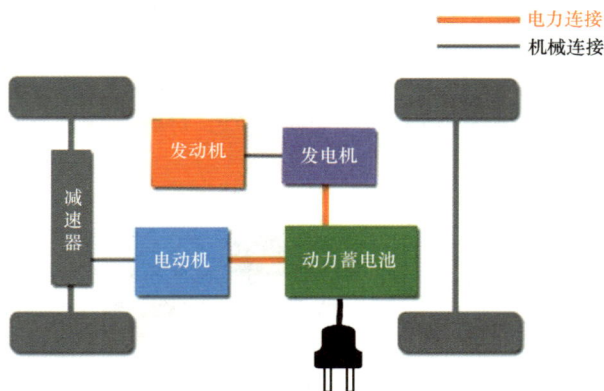

图 2-14　插电增程式混合动力电动汽车动力系统示意图

由于动力蓄电池容量较大且具有外接充电的优势，插电增程式混合动力电动汽车的纯电续驶里程较长；在增程模式下，发动机工作在高效转区，比普通汽车更安静，电动机的低转高矩特性也使车辆的起步和加速性能较好。插电增程式混合动力电动汽车是在纯电动汽车的基础上开发的混合动力电动汽车，车辆增加了用于提供电力的增程器，以进一步提升纯电动汽车的续驶里程，使其能够尽量避免频繁地停车充电。

一般认为插电增程式混合电动汽车属于纯电动汽车的范畴，是纯电动汽车为了得到更大的续驶里程，通过增加增程器而进行的一种改进。

2.3　燃料电池电动汽车

2.3.1　燃料电池电动汽车简介

采用燃料电池作为电源的电动汽车称为燃料电池电动汽车（Fuel Cell Electric Vehicle，FCEV）。FCEV 一般以质子交换膜燃料电池（PEMFC）作为车载能量源。

燃料电池是燃料电池电动汽车的核心部件，燃料电池的电能是通过氢气和氧气的化学作用（而不是经过燃烧）直接获得的。燃料电池十分复杂，涉及化学热力学、电化学、电催化、材料学、电力系统及自动控制等学科的有关理论。燃料电池电动汽车的工作原理：作为燃料的氢气在汽车搭载的燃料电池中与空气中的氧气发生氧化还原化学反应，产生电能来带动电动机工作，再由电动机驱动汽车前进。图 2-15 所示为燃料电池电动汽车动力系统示意图，

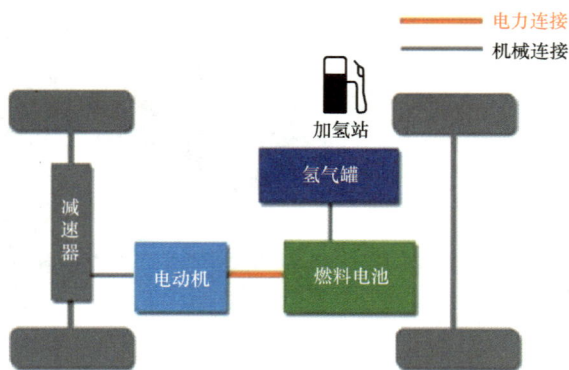

图 2-15　燃料电池电动汽车动力系统示意图

图 2-16 所示为车载燃料电池电堆及附件系统。

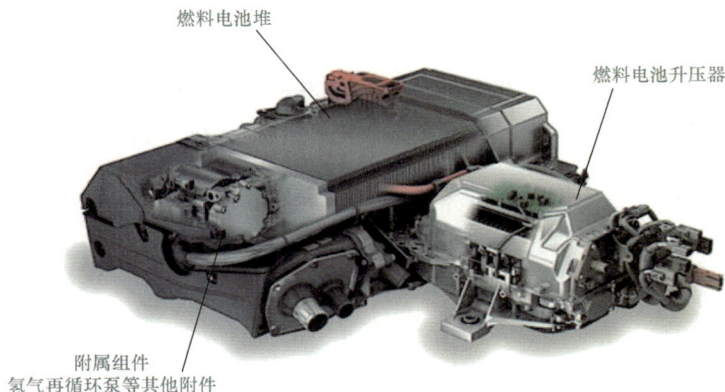

燃料电池堆

燃料电池升压器

附属组件
氢气再循环泵等其他附件

图 2-16　车载燃料电池电堆及附件系统

2.3.2　燃料电池电动汽车主要类型及结构介绍

目前，根据燃料电池电动汽车动力系统的驱动形式，燃料电池电动汽车分为 3 类，分别为纯燃料电池电动汽车、混合动力式燃料电池电动汽车和增程式燃料电池电动汽车。

（1）纯燃料电池电动汽车　纯燃料电池电动汽车整车动力系统的组成如图 2-17 所示，其动力系统结构中只有一个燃料电池系统。燃料电池系统输出的电能经过 DC/DC 变换器传送到母线，最终传输给驱动电机。

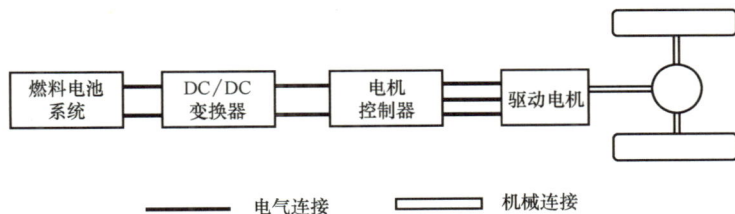

燃料电池系统 —— DC/DC变换器 —— 电机控制器 —— 驱动电机

—— 电气连接　　■ 机械连接

图 2-17　纯燃料电池电动汽车整车动力系统

纯燃料电池电动汽车依靠燃料电池系统提供电能，汽车的所有功率需求都由燃料电池承担。燃料电池系统将氢气与氧气反应产生的电能通过总线传给驱动电机，驱动电机将电能转化为机械能传给传动系统驱动汽车行驶。整个系统结构简单，便于实现系统控制和整体布置；系统部件少，有利于整车的轻量化；较少的部件使得整体的能量传递效率高，从而提高了整车的燃料经济性。

由于整个动力系统中只有燃料电池系统，因此对燃料电池的要求较高；燃料电池需要提供所有工况的功率需求，因此，要求燃料电池的功率较大；为了降低整车成本，燃料电池必须有较低的价格；为了提高整车的经济性，燃料电池应在较大的输出范围内有较高的效率；燃料电池应具有较快的动态响应、较好的冷起动性能。

由于燃料电池电堆自身存在动态响应性能较差等问题，因此需要通过调整控制策略来满足车辆在短时间内的负荷快速变化（如急加速、上陡坡等高负荷、急减速等），从而保证整车的动力性能。此外，由于整车动力系统中没有储能装置且燃料电池无法进行反向充电，汽车无法回收制动能量，会造成一定的能量浪费。

（2）混合动力式燃料电池电动汽车　混合动力式燃料电池汽车使用燃料电池系统作为主

动力源，采用动力蓄电池作为辅助动力源。采用"燃料电池+动力蓄电池"混合驱动的动力系统结构，如图 2-18 所示。该系统中燃料电池与动力蓄电池共同为驱动电机提供能量，电能经过驱动电机转化成机械能传给传动系统驱动汽车行驶。制动时，驱动电机处于发电模式，动力蓄电池可以回收储存回馈的能量。在燃料电池和动力蓄电池共同工作时，燃料电池输出平均功率，多余的功率需求由动力蓄电池来分担。同时，冷起动性能有所提高，燃料电池可以工作在高效区，整车成本有所降低。然而，这种结构增加了动力蓄电池，导致整车自重增加，系统变得复杂，增加了整车的布置难度，对整车动力性和经济性的优化提出了更高的要求。

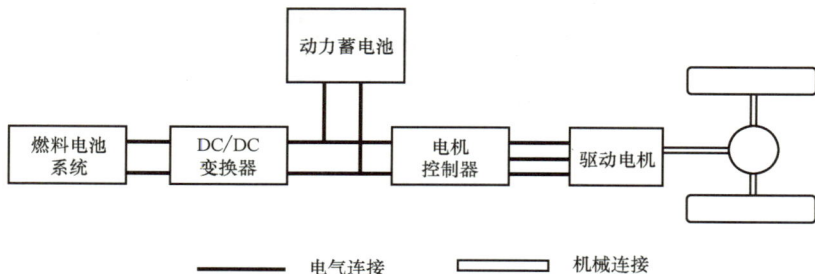

图 2-18 燃料电池/动力蓄电池型混合动力式电动汽车动力系统

此外，为满足车辆对于加速性能等动力性的要求，将燃料电池系统和动力蓄电池以及超级电容器并联形成混合驱动形式，如图 2-19 所示。该拓扑结构在电压总线上并联一组超级电容器，实现了燃料电池的高能量密度和超级电容器的高功率密度的有效结合，同时，可以提高动力蓄电池用于驱动时辅助能量的利用率。当需要更大辅助能量时，超级电容器可以有效解决单一利用动力蓄电池的局限性，从而延长了整个系统的使用寿命，有利于整个燃料电池混合动力汽车的动力性能的充分发挥。但是，超级电容器的存储能量有限，只可以提供约 1min 的峰值功率。同时拥有 3 个动力源会导致整车的质量增大、成本提高，而且控制也不太容易实现，因此，市场上很少应用这种混合驱动模式。

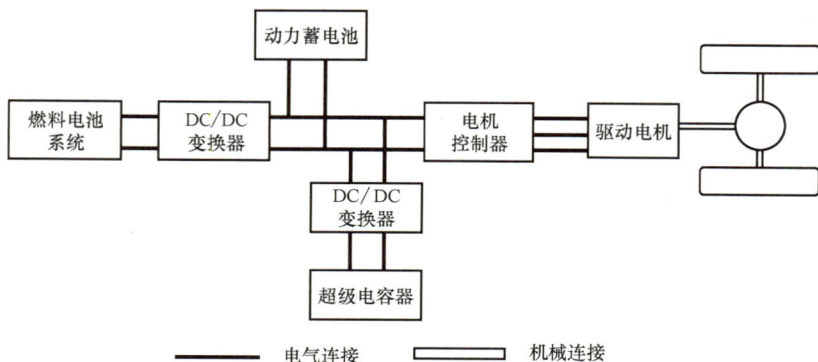

图 2-19 燃料电池/动力蓄电池/超级电容器型混合动力式电动汽车动力系统

（3）增程式燃料电池电动汽车 增程式燃料电池电动汽车的结构相对较简单，是在纯电动汽车的基础上发展出来的一种电动汽车，其在纯电动汽车的基础上增加一套燃料电池系统，目的是增加汽车的续驶里程，从而有效地解决纯电动汽车行驶路程较短、续驶能力不足、充电时间比较长的问题。其拓扑结构如图 2-20 所示。

增程式燃料电池电动汽车采用动力蓄电池和燃料电池系统相结合的双动力源汽车，其中动力蓄电池作为车辆的主要动力源，燃料电池系统作为辅助动力源。当动力蓄电池电能不足时，增程设备根据预先设定的策略开始工作。燃料电池系统作为整车动力系统增程器充当备用能源角色，当动力蓄电池电能不足或输出功率难以满足工况需求时，增程器开始工作，为动力蓄电池充电或直接驱动车辆，从而增加车辆的续驶里程。因此，增程式混合动力电动汽车具备纯电动汽车经济、环保和动力性能良好等优点，在增程器的协助下能够保证较长的续驶里程。同时，由于燃料电池系统作为增程器，其工况状态只有开机和关机两个状态，开机后燃料电池系统处于恒功率输出状态，能够弥补燃料电池系统不能适应频繁变载的缺陷，可延长燃料电池的使用寿命。

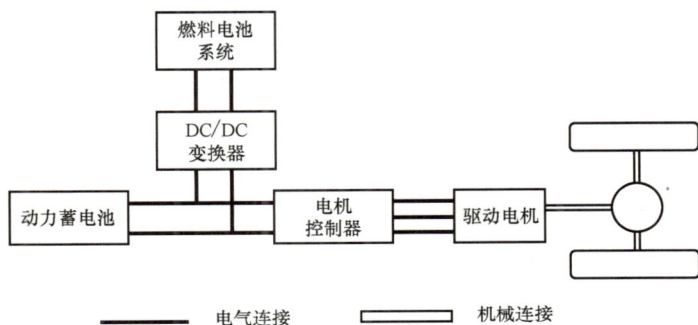

图 2-20　增程式燃料电池电动汽车动力系统结构图

2.3.3　燃料电池电动汽车的主要特点

（1）燃料电池电动汽车的优点

1）效率高，可以达到30%以上。

2）续驶里程长，其长途行驶能力及动力性已经接近于传统汽车。

3）绿色环保，生成物只有水，属于零排放。

4）低噪声，运行过程中噪声和振动都较小。

5）设计方便灵活，改变了传统的汽车设计概念，可以在空间和质量等问题上进行灵活的配置。

（2）燃料电池电动汽车的缺点

1）制造成本和使用成本过高。燃料电池发动机的制造成本居高不下，使用成本过高。

2）辅助设备复杂，且质量和体积较大。

3）起动时间长，系统抗振能力有待提高。

电动汽车动力蓄电池

动力蓄电池是电动汽车的核心组成之一，同时也是电动汽车发展的瓶颈，电动汽车的续驶里程、充电速度、使用安全等多个方面都受动力蓄电池影响。本单元主要介绍动力蓄电池的分类、工作原理及相关评价、测评和维修要求，以便后期开展相关维修维护等工作。

3.1 动力蓄电池的分类

蓄电池是能将所获得的电能以化学能的形式储存并可以将化学能转变为电能的电化学装置，可以重复充电和放电。动力蓄电池是电动汽车的核心，是纯电动汽车驱动能量的唯一来源，直接影响电动汽车的动力性能、续驶能力，也与电动汽车的安全性直接相关。从纯电动汽车的成本构成看，动力蓄电池系统占据了纯电动汽车成本的30%～50%。自电动汽车诞生以来，动力蓄电池技术一直是电动汽车技术研发的重点，也制约着电动汽车的实用化进程。提高功率密度、能量密度、使用寿命以及降低成本一直是电动汽车动力蓄电池技术研发的核心，也是目前制约电动汽车发展的关键因素。

动力蓄电池主要经历了以下发展阶段：第一阶段为铅酸蓄电池阶段，铅酸蓄电池的发明距今已有百余年历史，其技术成熟、成本低廉，但比能量、比功率及循环寿命都较短，因此，铅酸蓄电池虽仍保有着巨大的市场份额，但主要分布在对于能量和使用寿命要求都并不严格的一些使用对象上，如电动自行车及简易电动工具等；第二阶段为碱性蓄电池阶段，碱性蓄电池有镍镉蓄电池、镍氢蓄电池等，镍氢蓄电池在一些领域取代了铅酸蓄电池和镍镉蓄电池，近年来成为商品化混合动力电动汽车和纯电动汽车的首选；第三阶段为锂离子蓄电池阶段，锂离子蓄电池单体的电压、比能量和比功率较高，使用寿命长，在电动汽车上有着极好的应用前景。

铅酸蓄电池、镍镉蓄电池、镍氢蓄电池和锂离子蓄电池的性能区别见表3-1。锂离子蓄电池相比其他动力蓄电池具有比能量高、循环寿命长、充电功率范围宽、倍率放电性能好、污染小等优良特性，现今被电动汽车广泛采用。锂离子蓄电池根据其正极材料的不同分为钴酸锂离子蓄电池、锰酸锂离子蓄电池、磷酸铁锂离子蓄电池和三元锂离子蓄电池等。

1. 铅酸蓄电池

铅酸蓄电池采用金属铅作为负极，二氧化铅作为正极，用硫酸作为电解液。放电时，铅和二氧化铅都与电解液反应生成硫酸铅。充电时，反应过程正好相反。现在比较广泛采用免维护的阀控式铅酸蓄电池（VRLA）。总体上说，铅酸蓄电池具有可靠性好、原材料易得、价格便宜等优点，比功率基本上能满足电动汽车的动力性要求。但它有两大缺点；一是比能量低，所占的质量和体积太大，且一次充电续驶里程较短；另一个是使用寿命短，使用成本过高。图3-1所示为铅酸蓄电池的结构。

动力蓄电池

表 3-1　铅酸蓄电池、镍镉蓄电池、镍氢蓄电池和锂离子蓄电池的性能区别

正极材料	铅酸蓄电池	镍镉蓄电池	镍氢蓄电池	锂离子蓄电池
比能量/(W·h/kg)	40	50	70	150~300
体积能量密度/(W·h/L)	100	150	240~300	300
体积功率密度/(W/L)	200	300	240	200~300
循环寿命/次	300	500~1000	500~1000	1000~2500
开路电压/V	2.1	1.3	1.3	>4.0
平均输出电压/V	1.9	1.2	1.2	3.7
工作温度/℃	−10~50	−20~60	−20~50	−20~60
自放电/(%/月)	3~5	15~20	20~30	6~10
成分毒性	高	高	中	低

　　铅酸蓄电池是利用稀硫酸、铅、二氧化铅这 3 种活性物质进行化学反应完成充电和放电的，其基本工作原理如下列化学方程式所示：

$$PbO_2 + 2H_2SO_4 + Pb \Leftrightarrow 2PbSO_4 + 2H_2O$$

　　放电时，化学反应是从左向右进行的，由于消耗了硫酸并生成水，因此电解液密度会不断下降。充电时，在外部电压的作用下，重新生成活性物质。

2. 镍氢蓄电池

　　镍氢蓄电池属于碱性蓄电池，其使用寿命较长，能量密度高，但价格较高，存在记忆效应。图 3-2 所示为典型镍氢蓄电池的结构和工作原理图。镍氢蓄电池正极活性物质采用的是氢氧化镍，负极活性物质为贮氢合金，电解液为氢氧化钾溶液。当镍氢蓄电池充电时，正极的氢进入负极贮氢合金中；放电时，过程则正好相反。在充、放电过程中，蓄电池的正、负极材料活性物质的结构、成分、体积都发生变化，

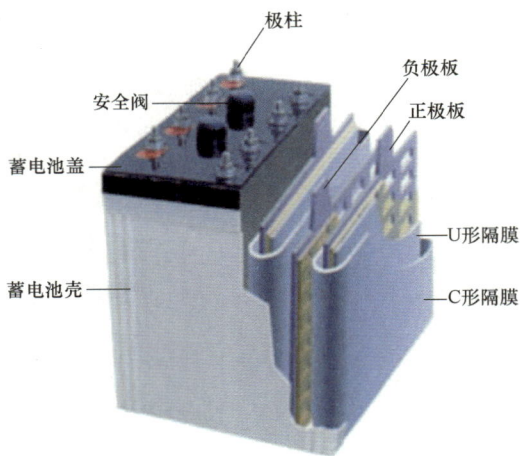

图 3-1　铅酸蓄电池的结构

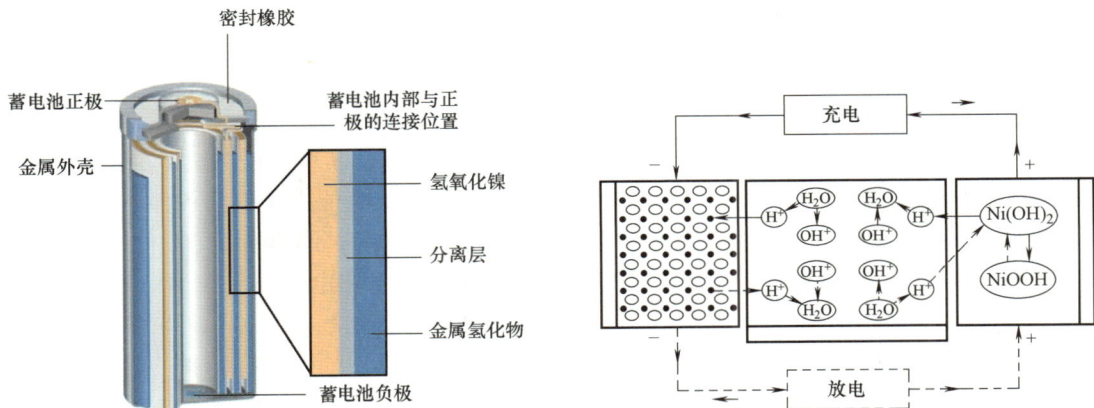

图 3-2　典型镍氢蓄电池的结构和工作原理图

而电解液同时发生相应改变。

相对于铅酸蓄电池,镍氢蓄电池具有高比能量、高比功率和长使用寿命等特点,但其制造成本较大,且在使用过程中有记忆效应和充电发热等问题。

3. 锂离子蓄电池

锂离子蓄电池具有质量小、储能大(能量密度高)、无污染、无记忆效应、使用寿命长的特点。在同体积、质量情况下,锂离子蓄电池的蓄电能力是镍氢蓄电池的 1.6 倍,是镍镉蓄电池的 4 倍。同时,锂离子蓄电池对环境造成的污染小。我国从 20 世纪 90 年代开始研究和使用锂离子蓄电池,至今已研制出了完全拥有自主知识产权的锂离子蓄电池。按照正极材料的不同,锂离子蓄电池可以分为锰酸锂离子蓄电池、磷酸铁锂离子蓄电池、镍钴锂离子蓄电池等。图 3-3 所示为磷酸铁锂离子蓄电池的工作原理图。

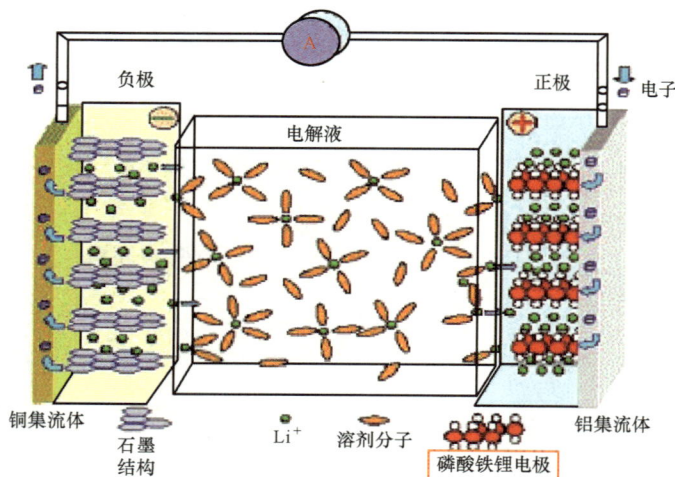

图 3-3　磷酸铁锂离子蓄电池的工作原理图

蓄电池充电时,锂离子从正极材料的晶格中脱出,通过电解质溶液和隔膜嵌入到负极中。放电时,锂离子从负极中脱出,通过电解质溶液和隔膜嵌入到正极材料晶格中。在整个充、放电过程中,锂离子往返于正、负极之间。

3.2　动力蓄电池的常用性能参数

(1)端电压　端电压分为静态电压、放电电压和充电电压。

(2)内阻　随着放电程度的增加,蓄电池的内阻会相应地增大。

(3)容量　容量指在允许的放电范围内所能输出的电量,其单位是 A·h。容量 C = 放电电流(恒流)I×放电时间(小时)T。容量用来表示蓄电池的放电能力,不同条件下蓄电池能输出的电量(容量)是不同的。容量分为额定容量、理论容量和实际容量。

1)额定容量指充足电的蓄电池在规定的条件下所能输出的电量。在我国的国家标准中,用 3h 放电率容量(C_3)来定义电动汽车动力蓄电池的额定容量,用 20h 放电率容量(C_{20})来定义汽车用起动型蓄电池额定容量。

2)理论容量指假设蓄电池极板上的活性物质全部参加化学反应而输出电流时,依据法拉第定律计算出的电量;通常用质量容量(A·h/kg)或体积容量(L·h/kg)来表示。

3）实际容量指充足电的蓄电池在一定条件下所能输出的电量。实际容量是在允许放电范围内，放电电流与放电时间的乘积。蓄电池实际容量小于理论容量。当放电电流和温度不同时，实际容量也不同。

（4）能量　蓄电池的能量指在一定的放电条件下，蓄电池所输出的电能，单位为 W·h 或 kW·h。蓄电池的能量表示其供电能力，是反映蓄电池综合性能的重要参数。能量分为标称能量、实际能量、比能量和能量密度，其中比能量和能量密度能够反映动力蓄电池的性能好坏，也是电动汽车设计过程中选择动力蓄电池的重要依据。

（5）比能量　比能量指蓄电池单位质量所能输出的电能，单位为 W·h/kg 或 kW·h/kg。蓄电池比能量越高，充足电后的能量越高，续驶里程越长。

（6）能量密度　能量密度指蓄电池单位体积所能输出的电能，单位为 W·h/L 或 kW·h/L。蓄电池能量密度越高，蓄电池所占的空间越小。

（7）功率　蓄电池的功率指在规定的放电条件下，蓄电池在单位时间所能输出的电能，单位为 W 或 kW。蓄电池的功率直接影响电动汽车的加速度和最高车速。与能量相同，功率的衡量使用质量比功率（蓄电池单位质量能输出的功率）和功率密度（蓄电池单位体积所能输出的功率）来表示。

（8）循环寿命　蓄电池的使用寿命通常用使用时间或循环寿命来表示。蓄电池经历一次充电和放电过程称为一个循环或一个周期。在一定的放电条件下，当蓄电池的容量下降到某规定的限值时，蓄电池所能承受的充放电循环次数称为蓄电池的循环寿命。不同类型的蓄电池，其循环寿命不同。对于某种类型的蓄电池，其循环寿命与充、放电的电流大小、蓄电池工作温度、放电深度等均有密切关系。

3.3　锂离子蓄电池的工作原理和使用特性

目前世界范围内主流的电动汽车主要采用的动力蓄电池均为锂离子蓄电池，这主要是由于锂离子蓄电池的比容量和使用寿命优于铅酸蓄电池和镍氢蓄电池。选用锂离子蓄电池可以减小蓄电池包的质量，减小车辆自重，还能够延长动力蓄电池的使用寿命，避免用户频繁更换动力蓄电池。此外，由于锂离子蓄电池的单体电压高于铅酸蓄电池和镍氢蓄电池，因此减少了单体蓄电池的串联数量，降低了蓄电池组装配难度，提高了蓄电池模组及蓄电池包的整体可靠性。

锂离子蓄电池是用碳素材料作负极、用含锂的化合物作正极，在充放电过程中没有金属锂存在而只有锂离子的蓄电池。锂离子蓄电池充、放电的过程就是锂离子嵌入和脱嵌的过程。在锂离子嵌入和脱嵌过程中，同时伴随着与锂离子等当量电子的嵌入和脱嵌。在充、放电过程中，锂离子在正、负极之间往返嵌入/脱嵌和插入/脱插。当对蓄电池进行充电时，蓄电池的正极上有锂离子生成，生成的锂离子经过电解液运动到负极。作为负极的碳呈层状结构有很多微孔，达到负极的锂离子就嵌入到碳层的微孔中，嵌入的锂离子越多，充电容量越高。同样，当对蓄电池进行放电时，嵌在负极碳层中的锂离子脱出并运动回正极，回正极的锂离子越多，放电容量越高。

理论上，动力蓄电池应该是能量密度高、体积密度高、安全性好、耐高温低温、循环寿命长、无毒无害、可大功率充放电，聚所有优点为一体而且低成本的蓄电池。但目前受到各种条件的制约，并不存在这样的蓄电池，因此需要针对不同的需求进行细分，选取合适的蓄电池进行应用。锂离子蓄电池的分类及优缺点见表 3-2。

表 3-2 锂离子蓄电池的分类及优缺点

分类	钴酸锂离子蓄电池	锰酸锂离子蓄电池	三元锂离子蓄电池	磷酸铁锂离子蓄电池
优点	电化学性能优越;循环性好,放电比容量高;一致性好	低温性能好,成本低;高倍率充放电能力好	成本低;稳定;能量密度较高	安全;高温稳定性好;成本非常低;循环性能好
缺点	晶体结构热稳定性差,有较大安全隐患;钴资源有限,成本较高	高温循环性能较差	热稳定性和热循环性能较差	产品一致性差;低温性能差;导电性差

1. 磷酸铁锂离子蓄电池

磷酸铁锂离子蓄电池正极由橄榄石结构的 $LiFePO_4$ 组成,负极由石墨组成,中间是聚烯烃隔膜,用于隔离正极和负极、阻止电子而允许锂离子通过。在充放电的过程中,磷酸铁锂离子蓄电池正极的离子、电子得失如下:

充电时　$LiFePO_4 - xLi^+ - xe^- \xrightarrow{充电} xFePO_4 + (1-x)LiFePO_4$

放电时　$FePO_4 + xLi^+ + xe^- \xrightarrow{放电} xLiFePO_4 + (1-x)FePO_4$

充电时,Li^+ 从正极脱嵌经过电解质进入负极,同时电子从外电路由正极向负极移动,以保证正、负极的电荷平衡;放电时,Li^+ 从负极脱嵌,经过电解质嵌入正极。磷酸铁锂离子蓄电池的内部结构与工作原理如图 3-4 所示。

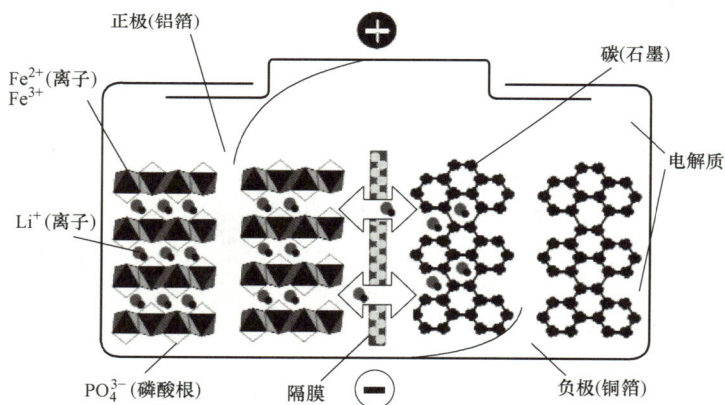

图 3-4 磷酸铁锂离子蓄电池的内部结构与工作原理

2. 锰酸锂离子蓄电池

锰酸锂离子蓄电池是一种以锰酸锂为正极、石墨为负极,电解液为含有 $LiPF_6$ 有机溶液的锂离子蓄电池。其正极结构为锰酸锂、导电剂、黏结剂、集流体(铝箔),负极结构为石墨、导电剂、黏结剂、集流体(铜箔)。

锰酸锂作为蓄电池的正极,由铝箔与蓄电池正极相连,中间是聚合物的隔膜,将正、负极隔开,锂离子可以通过但是电子不能通过;由石墨作为蓄电池的负极,由铜箔与石墨相连,而电解液则分布在蓄电池的正、负极周围,蓄电池由金属外壳封装。锰酸锂离子蓄电池在充电时,正极中的锂离子通过聚合物隔膜向负极移动;在放电过程中,负极的锂离子通过隔膜向正极移动。

与磷酸铁锂离子蓄电池的工作原理类似,当对蓄电池进行充电时,蓄电池的正极上有锂离子生成，生成的锂离子从正极脱出经过电解液运动到负极。作为负极的碳是层状结构，具有很多微孔，到达负极的离子就嵌入到碳层的微孔中，嵌入的锂离子越多，充电容量越高，此时，正极为贫锂态。同理，当对蓄电池进行放电时，嵌入在负极碳层中的锂离子脱出，经过电解液回到正极，回到正极的锂离子越多，放电容量越大，此时正极为富锂态。锂离子蓄电池在充、放电过程中，锂离子在正、负极之间迁移，而数量相同的电子经外电路一起迁移，正、负极各自发生氧化还原反应，使得电位可以保持在一定数值。锰酸锂离子蓄电池的反应如下：

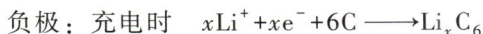

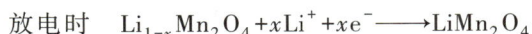

负极：充电时　$xLi^+ + xe^- + 6C \longrightarrow Li_xC_6$

放电时　$Li_xC_6 \longrightarrow xLi^+ + xe^- + 6C$

正极：充电时　$LiMn_2O_4 \longrightarrow Li_{1-x}Mn_2O_4 + xLi^+ + xe^-$

放电时　$Li_{1-x}Mn_2O_4 + xLi^+ + xe^- \longrightarrow LiMn_2O_4$

随着蓄电池技术的不断发展进步，针对锂离子蓄电池正极材料的研究也不断取得新的突破。21 世纪初有关于镍钴锰三元过渡金属复合氧化物［$LiNi_{1-x-y}Co_xMn_yO_2$（$0<x<0.5$，$0<y<0.5$）］的报道，即所谓的三元正极材料。三元复合材料综合了 $LiNiO_2$ 的高比容量、$LiCo_2$ 优越的循环性能和 $LiMnO_2$ 的高安全性能及低成本等优点，因此可以大规模的应用在储能电池和动力蓄电池上。不同锂离子蓄电池的性能比较见表 3-3。

表 3-3　不同锂离子蓄电池的性能比较

项目	钴酸锂	锰酸锂	三元材料	磷酸铁锂
电压/V	3.6~3.7	3.6~3.7	3.6~3.7	3.2~3.3
比能量/（W·h/kg）	>150	>100	>150	>100
循环寿命（100% DOD）	>1000	>1000	>1000	>1000
安全性	低	较高	较高	高
热稳定性	不稳定	较稳定	较稳定	稳定
过渡金属资源	贫乏	较丰富	较丰富	丰富
原料成本	昂贵	较低	较低	低

3.4　锂离子蓄电池的使用与维护

动力蓄电池是纯电动汽车的唯一动力源，掌握锂离子蓄电池的使用和维护技术，进行合理的使用和维护可以延长锂离子蓄电池的使用寿命和保持蓄电池的优越性能，从而提高车辆的使用时间和车辆的续驶里程。

1. 锂离子蓄电池充电

当锂离子蓄电池放置一段时间后会进入休眠状态，此时容量低于正常值，使用时间亦随之缩短。但锂离子蓄电池只要经过 3~5 次正常的充、放电循环就可激活，恢复正常容量。由于锂离子蓄电池本身的特性，决定了其基本没有记忆效应。

对锂离子蓄电池充电时，应使用专用的锂离子蓄电池充电器。锂离子蓄电池充电采用"恒流/恒压"方式，先恒流充电，到接近终止电压时改为恒压充电。例如一种 800mA·h 容量的蓄电池，其充电终止电压为 4.2V。蓄电池以 800mA（充电率为 1C）恒流充电，开始时蓄电池电压以较大的斜率上升，当蓄电池电压接近 4.2V 时，改成 4.2V 恒压充电，蓄电池电流渐减小，电压变化不大，到充电电流减小到 1/10C（约 80mA）时，认为接近充满，可以终止充电。

① 充电电压：充满电时的充电终止电压与蓄电池负极材料有关，在充电时应注意电压变化，否则会有过充危险。锂离子蓄电池对充电的要求较高，充电终止电压精度允差为额定值的±1%（例如，充电终止电压为 4.2V 的锂离子蓄电池，其允差为±0.042V），过电压充电会造成锂离子蓄电池永久性损坏。

② 充电电流：锂离子蓄电池充电电流应根据蓄电池生产厂的建议，并要求有限流电路以免发生过电流（过热）。一般常用的充电率为 0.25~1C，推荐的充电电流为 0.5C（C 是蓄电池的容量，如标称容量为 1500mA·h 的蓄电池，充电电流为 0.5×1500mA = 750mA）。在大电流充电时，往往要检测蓄电池的温度，以防止因过热而损坏蓄电池或产生爆炸。

③ 充电温度：对蓄电池充电时，其环境温度不能超过产品特性表中所列的温度限值。蓄电池应在 0~45℃温度范围内进行充电，远离高温（高于 60℃）和低温（-20℃）环境。

锂离子蓄电池在充电或放电过程中若发生过充电、过放电或过流时，会造成蓄电池的损坏或降低使用寿命。为此开发出各种保护元件及由保护 IC 组成的保护电路，它安装在蓄电池或蓄电池组中，使蓄电池获得完善的保护，但是在使用中应尽可能防止过充电及过放电。

2. 锂离子蓄电池放电

放电终止电压：锂离子蓄电池的额定电压为 3.6V 左右，放电终止电压为 2.5~2.75V。蓄电池的放电终止电压不应小于 2.5V。低于放电终止电压继续放电称为过放。过放会使蓄电池使用寿命缩短，严重时会导致蓄电池失效。蓄电池不用时，应将其充电到保有 20% 的电量，再进行防潮包装保存，3~6 个月检测电压 1 次，并进行充电，保证蓄电池电压在安全电压值（3V 以上）范围内。

放电电流：锂离子蓄电池不适合大电流放电，过大电流放电时内部会产生较高的温度而损耗能量，减少放电时间，若蓄电池中无保护元件还会产生过热而损坏蓄电池。因此蓄电池生产厂给出了最大放电电流，在使用中不能超过产品特性表中给出的最大放电电流。

放电温度：不同温度下的放电曲线是不同的。在不同温度下，锂离子蓄电池的放电电压和放电时间不同，蓄电池应在-20~+60℃温度范围内进行放电。

燃料电池系统和氢系统

燃料电池系统是燃料电池汽车的核心组成之一，包括燃料电池和 BOP（Balance of Plant）辅助系统，在外接氢源的条件下可以产生电能。车载氢系统的作用是为燃料电池系统提供满足条件的氢源。本单元主要介绍燃料电池系统的结构、燃料电池的分类、工作原理以及氢系统的组成。

4.1 燃料电池的结构与工作原理

燃料电池是将燃料具有的化学能直接变为电能的发电装置，其组成与一般蓄电池相同。燃料电池单体由正、负两个电极（负极即燃料电极，正极即氧化剂电极）以及电解质组成。不同的是一般蓄电池的活性物质贮存在蓄电池内部，因此限制了蓄电池的容量。燃料电池的正、负极本身不包含活性物质，只是催化转换元件。燃料电池工作时，燃料和氧化剂由外部供给，在燃料电池内部进行反应。原则上只要反应物不断输入，反应产物不断排除，燃料电池就能连续地发电。

1. 燃料电池的组成

燃料电池的主要构成组件包括电极、电解质隔膜与集电器等。

燃料电池是燃料发生氧化反应与氧化剂发生还原反应的电化学反应场所，其性能的好坏关键在于触媒的性能、电极的材料及电极的制程等。电极主要可分为两部分，其一为阳极，另一为阴极，厚度一般为 200~500mm；其结构与一般蓄电池的平板电极不同之处是燃料电池的电极为多孔结构。燃料电池电极设计成多孔结构的主要原因是燃料电池使用的燃料及氧化剂大多为气体（如氧气、氢气等），而气体在电解质中的溶解度并不高，为了提高燃料电池的实际工作电流密度与降低极化作用，故发展出多孔结构的电极，以增加参与反应的电极表面积。

目前，高温燃料电池的电极主要以触媒材料制成，例如固态氧化物燃料电池（SOFC）的 Y_2O_3—stabilized—ZrO_2（YSZ）及熔融碳酸盐燃料电池（MCFC）的氧化镍电极等；低温燃料电池的电极主要由气体扩散层支撑一薄层触媒材料构成，例如磷酸燃料电池（PAFC）与质子交换膜燃料电池（PEMFC）的铂金电极等。

电解质隔膜的主要功能是分隔氧化剂与还原剂，并传导离子，所以电解质隔膜越薄越好，但也需顾及强度。就现阶段的技术而言，其一般厚度在数十微米至数十毫米之间。至于材质，目前主要朝两个方向发展，一个方向是先以石棉膜、碳化硅（SiC）膜、铝酸锂（LiAlOF）膜等绝缘材料制成多孔隔膜，再浸入熔融锂-钾碳酸盐、氢氧化钾与磷酸等中，使其附着在隔膜孔内；另一个方向是采用全氟磺酸树脂（如 PEMFC）及 YSZ（如 SOFC）。

集电器又称为双极板，具有收集电流、分隔氧化剂与还原剂、疏导反应气体等作用，集电器的性能主要取决于其材料特性、流场设计及其加工技术。

2. 磷酸燃料电池和质子交换膜燃料电池

氢氧燃料电池的工作原理

氢氧燃料电池的反应原理是电解水的逆过程，其电极反应为

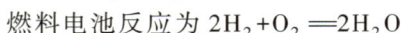

负极：$H_2+2OH^-\rightarrow 2H_2O+2e^-$

正极：$O_2+2H_2O+4e^-\rightarrow 4OH^-$

燃料电池反应为 $2H_2+O_2=\!=\!2H_2O$

燃料电池通常由形成离子导电体的电解质板和其两侧配置的燃料极（阳极）和空气极（阴极）及两侧气体流路构成，气体流路的作用是使燃料气体和空气（氧化剂气体）能在流路中通过。

在实际的燃料电池中，因工作的电解质不同，经过电解质与反应相关的离子种类也不同。PAFC 和 PEMFC 反应中与氢离子（H^+）相关，发生的反应为

燃料极：$H_2=\!=\!2H^++2e$

空气极：$4H^++O_2+4e=\!=\!2H_2O$

全体：$2H_2+O_2=\!=\!2H_2O$

在燃料电极中，供给的燃料气体中的 H_2 分解成 H^+ 和 e，H^+ 移动到电解质中与空气极侧供给的 O_2 发生反应，e 经由外部的负荷回路返回到空气极侧，参与空气极侧的反应。一系列的反应促成了 e 不间断地经由外部回路，因而就形成了发电。从反应式可以看出，由 H_2 和 O_2 生成 H_2O，除此以外没有其他的反应，H_2 所具有的化学能转变成了电能。但实际上，伴随着电极的反应存在一定的电阻，会引起部分热能产生，由此减少了转换成电能的比例。引起这些反应的一组蓄电池称为组件，产生的电压通常低于1V。因此，为了获得大的输出需采用组件多层叠加的办法获得高电压堆。组件间的电气连接以及燃料气体和空气之间的分离，采用了上、下两面中备有气体流路的隔板。PAFC 和 PEMFC 的隔板由碳材料或金属板组成。堆的输出由总的电压和电流的乘积决定，电流与蓄电池中的反应面积成正比。

PAFC 的电解质为浓磷酸水溶液，而 PEMFC 电解质为质子导电性聚合物系的膜，电极均采用碳的多孔体，为了促进反应，多以 Pt 作为触媒，但燃料气体中的 CO 将会使其中毒，降低电极性能。为此，在 PAFC 和 PEMFC 应用中必须限制燃料气体中含有的 CO 的量，特别是对于低温工作的 PEMFC 更应严格地加以限制。

磷酸燃料电池的基本组成和反应原理是：燃料气体或城市煤气添加水蒸气后送到改质器，把燃料转化成 H_2、CO 和水蒸气的混合物，CO 和水进一步在移位反应器中经触媒剂转化成 H_2 和 CO_2。经过如此处理后的燃料气体进入燃料堆的负极（燃料极），同时将氧输送到燃料堆的正极（空气极）进行化学反应，借助触媒剂的作用迅速产生电能和热能。

3. 熔融碳酸盐燃料电池

相对于 PAFC 和 PEMFC，高温型燃料电池 MCFC 和 SOFC 不需要触媒，以 CO 为主要成分的煤气化气体可以直接作为燃料应用，而且还具有易于利用其高质量排气构成联合循环发电等特点。

（1）MCFC 主构成部件　主要部件有含有电极反应相关的电解质（通常是为 Li 与 K 混合的碳酸盐）和上、下与其相接的电极板（燃料极与空气极），以及两电极各自外侧流通燃料气体和氧化剂气体的气室、电极夹等。电解质在 MCFC 600~700℃ 的工作温度下呈现熔融状态的液体，形成离子导电体。电极为镍系的多孔质体，气室的材料采用抗蚀金属。

（2）MCFC 工作原理　空气极的 O_2（空气）和 CO_2 与电相结合，生成 CO_3^{2-}（碳酸离子），

电解质将 CO_3^{2-} 移到燃料极侧，与作为燃料供给的 H^+ 相结合，放出 e，同时生成 H_2O 和 CO_2。化学反应式为

燃料极：$H_2+CO_3^{2-}$═══H_2O+CO_2+2e

空气极：$CO_2+1/2O_2+2e$═══CO_3^{2-}

全体：$H_2+1/2O_2$═══H_2O

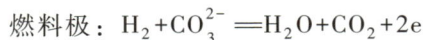

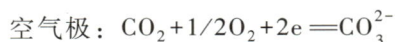

在这一反应中，e 同在 PAFC 中的情况一样，从燃料极被放出，通过外部的回路返回到空气极，由 e 在外部回路中不间断地流动实现燃料电池发电。另外，MCFC 的最大特点是必须要有有助于反应的 CO_3^{2-} 离子，因此，供给的氧化剂气体中必须含有碳酸气体。

4. 固体氧化物燃料电池

SOFC 是以陶瓷材料为主构成的，电解质通常采用 ZrO_2（氧化锆），它构成了 O^{2-} 的导电体 Y_2O_3（氧化钇）作为稳定化的 YSZ（稳定化氧化锆）而采用。电极中燃料极采用 Ni 与 YSZ 复合多孔体构成金属陶瓷，空气极采用 $LaMnO_3$（氧化镧锰），隔板采用 $LaCrO_3$（氧化镧铬）。为了避免因固体氧化物燃料电池的形状不同，电解质之间热膨胀差而产生裂纹等，已开发了在较低温度下工作的 SOFC。固体氧化物燃料电池形状除了有与其他燃料电池一样的平板型外，还有为避免应力集中的圆筒型。SOFC 的反应式为

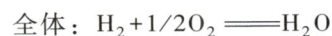

燃料极：H_2+O^{2-}═══H_2O+2e

空气极：$1/2O_2+2e$═══O^{2-}

全体：$H_2+1/2O_2$═══H_2O

因 SOFC 属于高温工作型，因此在无其他触媒作用的情况下即可直接在内部将天然气主成分 CH_4 改质成 H_2 加以利用，并且煤气的主要成分 CO 可以直接作为燃料利用。

燃料电池的类型、组成和参数见表 4-1。

表 4-1　燃料电池的类型、组成和参数

简称	燃料电池类型	电解质	工作温度/℃	电化学效率	燃料、氧化剂	功率输出
AFC	碱性燃料电池	氢氧化钾溶液	室温-90	60%~70%	氢气、氧气	300W~5kW
PEMFC	质子交换膜燃料电池	质子交换膜	室温-80	40%~60%	氢气、氧气（或空气）	1kW
PAFC	磷酸燃料电池	磷酸	160~220	55%	天然气、沼气、双氧水、空气	200kW
MCFC	熔融碳酸盐燃料电池	碳酸盐熔融混合物	620~660	65%	天然气、沼气、煤气、双氧水、空气	2MW~10MW
SOFC	固体氧化物燃料电池	导电陶瓷	800~1000	60%~65%		100kW

4.2　BOP 辅助系统

车用燃料电池系统除燃料电池外，还需要有 BOP 辅助系统。BOP 辅助系统包括空气供气系统、氢气供给循环系统、水热管理系统以及电气系统。其中，空气供气系统由空气滤清器、质量流量计、空气压缩机、中冷器、加湿器、背压阀等组成，用于向燃料电池提供反应所需的氧气，保障反应的进行；氢气供给循环系统由供气阀、氢喷（比例阀）、氢气循环部件、汽水

分离器等组成，用于为燃料电池提供所需的氢气、循环燃料电池氢气管路中的氢气，提升氢气利用率和排除阳极中的液态水；水热管理系统由高、低温水泵，去离子器，PTC，散热器，冷却水箱等组成，用于为燃料电池及控制器提供良好的工作温度；电气系统由高压 DC/DC 变换器、分线盒、低压 DC/DC 变换器、传感器以及控制器等组成，用于提供整车需求的电压以及零部件需求的电能。

在正常工作状态下，BOP 辅助系统一方面要控制电堆运行的温度、压力、湿度，保障燃料电池电堆处于最佳的工作条件；另一方面由于水泵、空气压缩机、散热风扇等部件运行会消耗一部分燃料电池的输出功率，需要降低燃料电池辅助系统的功耗，提升燃料电池系统的净输出功率。因此，BOP 辅助系统中的每个子系统既相互独立，又相互影响，其设计、选型匹配、集成都直接影响着燃料电池系统的性能。

4.2.1　空气供气系统

1. 空气滤清器

燃料电池电堆除对空气进气量有要求外，对空气中的污染物也有要求。空气中对燃料电池性能有影响的污染物主要是颗粒污染物和化学污染物。颗粒污染物主要是空气中的固体粉尘，会影响空气在电堆中的传质。化学污染物对电堆的影响表现为降低阴极催化剂的活性，从而导致燃料电池的性能衰退。空气滤清器的作用是过滤空气中的颗粒物和容易使电堆内催化剂中毒的有害气体。

2. 空气压缩机

燃料电池通过氢气和氧气发生电化学反应释放电能和热能，其中的氧气可以使用纯氧或从空气中直接获得。空气压缩机是燃料电池空气供气系统的重要组成部分，首先需要具备根据燃料电池系统输出功率的大小及时调整供气量与供气压力的能力；其次需要兼顾系统整体效率，采用最有效的压缩方式；还需要有结构紧凑、质量小、噪声低、可靠性高和能量可回收等特点。

3. 中冷器

空气经过空气压缩机后，在提升空气压力的同时提高了空气的温度，一般空气压缩机出口处空气的温度在 100℃ 以上，而燃料电池由于高聚物（质子交换膜）的存在，极限工作温度约为 90℃，因此在空气进入燃料电池之前需要使用中冷器对其进行降温。

4. 加湿器

湿度会影响燃料电池中质子交换膜的质子传导率，从而影响燃料电池的效率。在工程应用中，通常采用加湿器对进入燃料电池的空气进行加湿。

5. 截止阀

在燃料电池启停期间，由于气体的分布不均，会导致瞬态的"氢空界面"，这种现象会直接引起碳蚀等不可逆老化，长此以往，会影响燃料电池的耐久性。当前很多燃料电池系统厂商会在燃料电池关闭前消耗电堆内部的氧气，同时通过截止阀和背压阀的协助，在燃料电池关机时形成密封。

6. 背压阀

背压阀通过控制开度协同空气压缩机进行电堆阴极压力的调控。

4.2.2　氢气供给循环系统

1. 氢喷（比例阀）

通过阀门（开闭/开关比例）控制氢气的进气量。

2. 氢气循环部件

为了保证燃料电池内部的反应均匀性，通常进入电堆内的氢气为 1.5 以上化学计量比的氢气，因此有 0.5 化学计量比的氢气未反应，如果将这部分氢气直接排放掉会造成一定的浪费。氢气循环部件主要的作用是将这部分未反应的氢气重新供给燃料电池。通常的氢气循环部件有引射器和氢气循环泵。

3. 汽水分离器

未反应的氢气从燃料电池出来后会携带一部分水汽，如果不将这部分水汽分离出去，会导致氢气循环装置无效做功，严重时会导致泵体叶片的腐蚀。一般使用汽水分离器将这部分水汽分离出去。

4.2.3　水热管理系统

1. 高、低温水泵

高、低温水泵用来维持高、低温冷却回路冷却液的压力的稳定。

2. 去离子器

如果冷却液中的电导率很高，会影响整车安全。去离子器可用来去除散热器、水泵、管阀件等金属表面析出的离子，从而保证冷却液较低的离子电导率。

3. PTC

当冷却液的温度低于 0℃时，需要使用 PTC 加热冷却液，防止燃料电池内部生成冰，保证燃料电池的使用寿命。

4.3　燃料电池常用性能参数

（1）额定功率　制造厂规定的燃料电池在特定工况条件下能持续工作的功率。

（2）峰值功率　制造厂规定的燃料电池在特定工况条件下能工作的最大功率。

（3）怠速状态　燃料电池系统处于工作状态，其输出的功率全部用于维持自身辅助系统的消耗，净输出功率为零的状态。

（4）加载响应速度　制造厂规定的燃料电池在特定工况条件下能实现的最大升载速率。

（5）减载响应速度　制造厂规定的燃料电池在特定工况条件下能实现的最大降载速率。

（6）效率　在规定的稳定状态运行条件下，燃料电池净输出功率与单位时间内进入燃料电池堆的燃料热值（低热值）之比。

（7）质量功率密度　单位质量的额定功率。

（8）体积功率密度　单位燃料电池的额定功率。

（9）冷起动　在充分地浸车后，在标准环境温度进行起动。

（10）起动时间　在起动程序初始化后，燃料电池达到规定输出功率的时间。

4.4　车载氢系统

氢气可以通过固态、气态以及液态等多种方式进行储存，目前固态、液态车载储氢技术仍处于研发状态，高压车载储氢技术为燃料电池汽车主要的氢能储存方式，现存的储存压力有 35MPa 和 70MPa 两种方式，国内大多采用 35MPa。高压车载氢系统包括储氢、供氢、加氢和监测控制 4 个主要模块。

储氢模块由储氢瓶、瓶口阀、绑带、支撑结构等组成，主要用于高压氢气的储存。其中，能够满足 70MPa 工作压力的储氢瓶和瓶口阀是整个系统的关键组成部分。

供氢模块主要负责将储氢瓶内的高压气体经减压后按需输送到燃料电池系统，主要由管路、支撑结构、一级和二级减压阀、手动放气阀等组成。

加氢模块主要包括加氢口、单向阀及相关管路。加氢口分为 TN1 和 TN5 两种模式，其中 TN1 可以满足 35MPa 和 70MPa 两种工作压力的要求。此外，对于 70MPa 车用加氢口需要增加相关红外通信设备以满足氢气加注过程中的通信要求。

对于车载氢系统，需要对其温度、压力等数据进行实时监测以满足安全要求，同时可以在出现异常时第一时间进行氢气阻断，避免出现严重事故。因此需要在氢系统中布置温度和压力传感器，储氢模块中的瓶口阀也有相应的温度、压力监测功能。此外，燃料电池汽车还装备氢系统管理控制单元（HMS），用于收集、分析、处理相关传感器数据，将其传输给整车控制器并执行其下发的相关指令。70MPa 车载氢系统在加氢过程中需要与加氢设备进行通信，由 HMS 通过红外模块向外传输。

电动汽车驱动电机

自 19 世纪电动机发明以后，其相关技术不断进步。相对于传统工业用电动机，新能源汽车所用的电动机需要在各个速度下均能产生转矩。图 5-1 所示为汽车驱动用电动机的转速与转矩之间的关系曲线，这种曲线被称为转速转矩特性（n-T 特性）。图 5-1 所示的转矩曲线表示在该转速下电动机能够输出的最大转矩，称为电动机外特性曲线，汽车用电动机在该曲线覆盖的整个区域内运转。图 5-1 中，前段曲线随着转速的增加而转矩保持一定值的特性称为恒转矩特性，后段曲线随着转速的增加而转矩降低的特性称为恒功率特性。汽车在运行过程中，中低车速以下要求恒转矩输出，中高车速要求恒功率输出。因此，相比于内燃机，电动机具有更好应用的汽车驱动的输出特性。

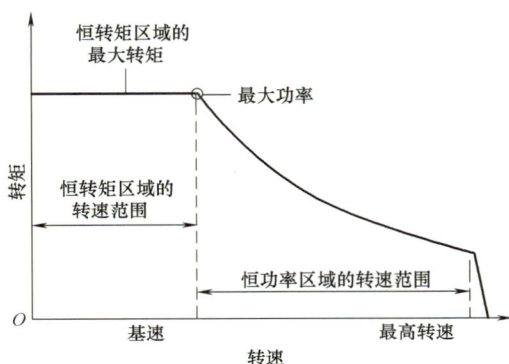

图 5-1 汽车驱动用电动机的转速与转矩特性

电动机的恒转矩特性一般用"最大转矩与转速范围（或可实现恒转矩运转的最高转速即基本转速）"来表示，恒功率特性用"最大功率与转速范围（或最高转速）"来表示。最大功率与最大转矩的输出时间与电动机及电机控制器的冷却条件有关。

5.1 电动机相关理论

磁场会对存在于其中的载流导体产生电磁力的作用，该电磁力就是电动机的动力源。导体在磁场中移动时在导体中产生电动势，这就是发电机的动力源。

1. 安培定则

电流通过导线后，在周围形成磁场，形成的磁场为同心圆状。电流方向与磁场的磁力线方向之间的关系用右手定则描述。右手握住通电导线，拇指指向电流方向，则四指指向为磁力线环绕方向。由环线线圈连续连接组成的线圈称为螺线管。流经螺线管的电流与磁场的方向可以用右手表示。沿着电流方向，用右手轻轻握住螺线管，拇指伸开所指的方向就是磁场的方向。安培定则如图 5-2 所示。

2. 电磁感应

当线圈与磁通量交错时，磁通量大小发生变化，线圈产生电动势。如果线圈发生运动，磁通量大小也发生变化，因此会产生电动势，这种现象称为电磁感应。电磁感应在线圈上产生的感应电动势大小与通过电路的磁通量变化率成正比，称为法拉第电磁感应定律。

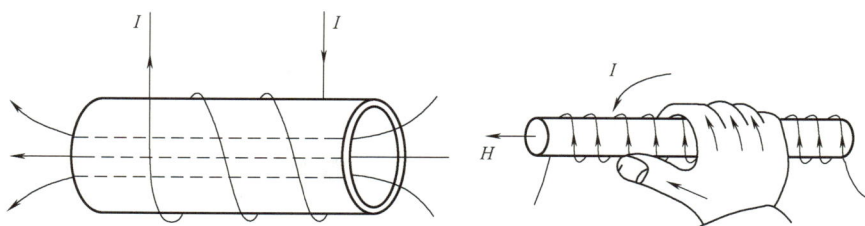

图 5-2 安培定则

3. 电感

（1）互感 当一个线圈中的电流发生变化时，在邻近的另一线圈中产生感应电动势，这种现象称为互感现象。这就是变压器原理。

（2）自感 当导体中的电流发生变化时，在导体中就产生感应电动势，这个电动势总体是阻碍导体中原来电流的变化的，这种现象称为自感现象，此电动势称为自感电动势。

4. 弗莱明右手法则

磁通密度为 B（T）的磁场中，长度为 l（m）的导体在磁场中以速度 v（m/s）运动时，感应电动势 e 为

$$e = Blv\sin\alpha$$

式中，α 为磁场与导体运动速度的夹角。

此时，电动势方向用弗莱明右手法则可以判断。将右手的拇指、食指、中指相互成直角伸开，将拇指朝向导体运动的方向，食指朝向磁场的方向时，中指所指方向就是电动势的方向。

5. 弗莱明左手法则

导体置于磁场内通电时，导体受电磁力 F 的作用，其计算公式为

$$F = BIl\sin\alpha$$

式中，B 为磁通密度，I 为导体通电电流，l 为导体长度，α 为导体与磁场的角度。电磁力的方向通过弗莱明左手法则来判断。将左手的拇指、食指、中指互相或直角伸开时，食指朝向磁场方向，中指朝向电流的方向，则拇指的方向就是电磁力的方向。

6. 麦克斯韦应力

弗莱明法则描述的是被放置在真空中的导体情况，而电动机线圈被放置在铁心槽中，仅利用弗莱明法则无法全面说明电磁力的产生。如图 5-3a 所示，受到的外部磁力线用直线表示，电流产生的磁力线呈同心圆状。两组磁力线在电流的左侧相互抵消，在右侧相互叠加增强。因此合成之后，如图 5-3b 所示，向右侧膨胀变密，产生一个直线方向的力（麦克斯韦力），使得

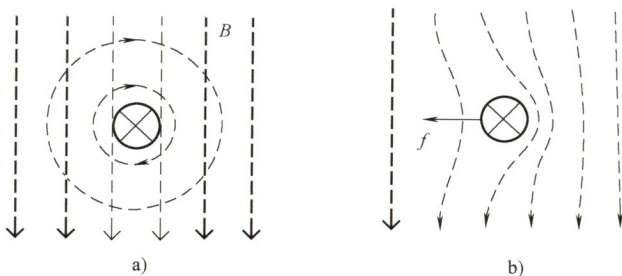

图 5-3 麦克斯韦应力

导线产生侧倾力。磁阻转矩就是通过这样的磁通量偏移产生转矩的。

7. 电动机的基本法则

电动机的感应电动势分为两种，无论是直流还是交流，导体在磁场中运动产生的即弗莱明右手法则判断所产生的电动势（称为动生电动势）。当接通交流电时，由于电流随时间而变化，因此需要考虑由磁通量随时间变化产生的电磁感应电动势（称为感生电动势）。电磁力也需考虑两种情况：由于磁场与电流相互作用，产生弗莱明左手法则所描述的电磁力；铁心中的磁通量分布产生的麦克斯韦应力。

5.2　电动机的相关参数

1. 电磁力与转矩

电流与磁场产生的力，在旋转运动中可以作为转矩来考虑。如图 5-4 所示，矩形线圈通电后，作用于线圈的电磁力可表示为

$$F_1 = F_2 = BIl$$

转矩 T 可表示为

$$T = F_1 a/2 + F_2 a/2 = BIla = BIA$$

式中，A 为矩形线圈环绕的面积。

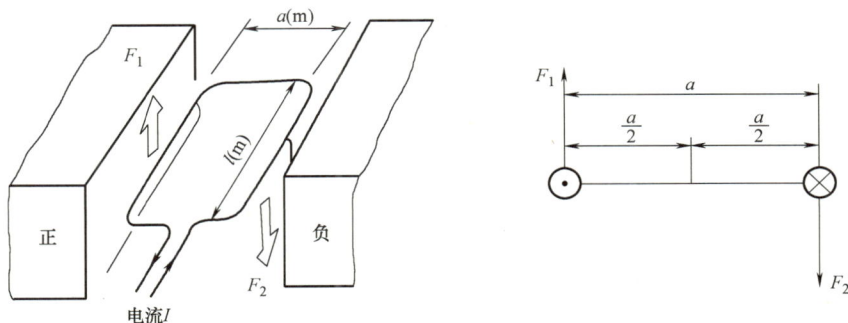

图 5-4　作用在矩形线圈上的力与转矩

线圈匝数为 N 的情况下，力、转矩都为 N 倍，表示为

$$F_1 = F_2 = NBIl$$

$$T = NBIla = NBIA$$

2. 转矩及功率

如图 5-5 所示，将悬臂安装在电动机轴上，在其前端放置量秤，电动机旋转时会有力作用在量秤上。如果让电动机停止转动，电动机轴与悬臂固定连接，那么该力则成为起动电动机的力。另外，轴与悬臂间隙配合，如果轴与悬臂的固定部位边摩擦边转动，则该力也是旋转中产生的驱动力。

转矩值可以通过功率和转速求得。电动机功率 P_o、转速 n 与电动机转矩 T 的关

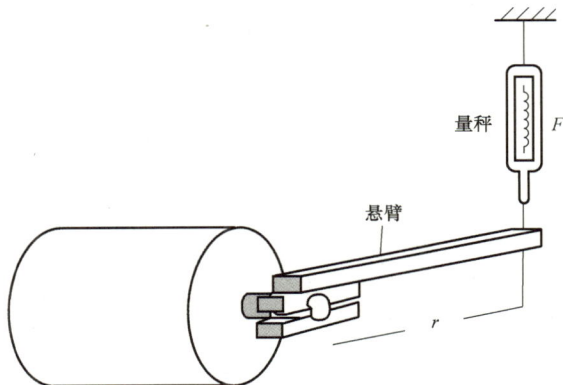

图 5-5　转矩的测量

系如下：

$$T = 9550 P_o / n$$

3. 电动机的工作点

电动机的特性一般用转矩与转速的关系曲线描述。连接负载的电动机在与负载转矩相等的点运行。如果电动机转矩与负载转矩不相等，那么或者加速运转或者减速运转。也就是说，如果在同一坐标上绘制负载与电动机转矩特性，那么两条曲线的交点就是电动机的工作点。但是，并不是存在交点就能稳定运行。运行是否稳定，需要加以说明。

如图 5-6a 所示，在工作点 P 运行时若某些原因使速度增大，则由于负载转矩 T_L 比电动机转矩 T_M 大，电动机减速运转，返回至 P 点。相反，速度减小后，$T_L < T_M$，电动机加速运转返回 P 点。也就是说，在这种情况下，P 点是稳定的工作点。如图 5-6b 所示，如果速度增大，则 $T_M > T_L$。因此，电动机速度逐渐增大，不能返回 P 点，这时的工作点不稳定。如图 5-6c 所示，电动机速度随转矩的增加而增大，该状态从图可以看出是不稳定的。但是，如 T'_M 所示，相对于速度，转矩稍有下降，那就与图 5-6a T_M 一样，在 P' 点运行是稳定的。如果能对电动机实现转矩控制或者转速控制，那么即使是在不稳定的工作点也能实现运转。但是，由于外部干扰影响控制准确度，因此有必要考虑工作点。

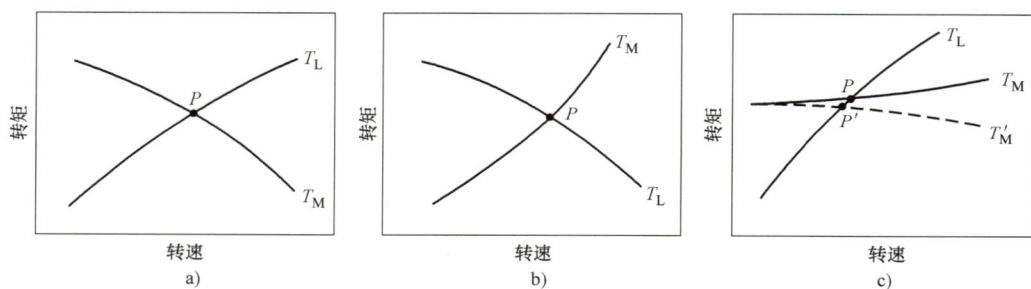

图 5-6 电动机的工作点

a）稳定运行 b）不稳定运行 c）上扬特性

5.3 电动机的结构和分类

1. 电动机的基本结构

电动机一般主要由两部分组成：固定部分称为定子，旋转部分称为转子。另外，还有端盖、风扇、罩壳、机座、接线盒等，如图 5-7 所示。

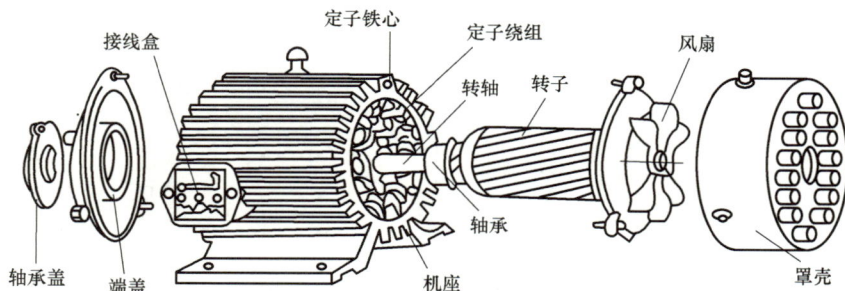

图 5-7 电动机的结构

电动机的定子由定子铁心、定子绕组和机座 3 部分组成。定子绕组镶嵌在定子铁心中，通过电流时产生感应电动势，实现电能量转换。电动机的转子由转子铁心、转子绕组和转轴组成。转子铁心也作为电动机磁路的一部分。转子绕组的作用是感应电动势，通过电流时产生电磁转矩。转轴是支撑转子的重量、传递转矩、输出机械功率的主要部件。

2. 电动机的类别

电动机的种类很多，不同的分类方法可以划分很多不同的类别。图 5-8 所示为按照工作电源种类划分的电动机种类，图 5-9 所示为按照结构和工作原理划分的电动机种类。

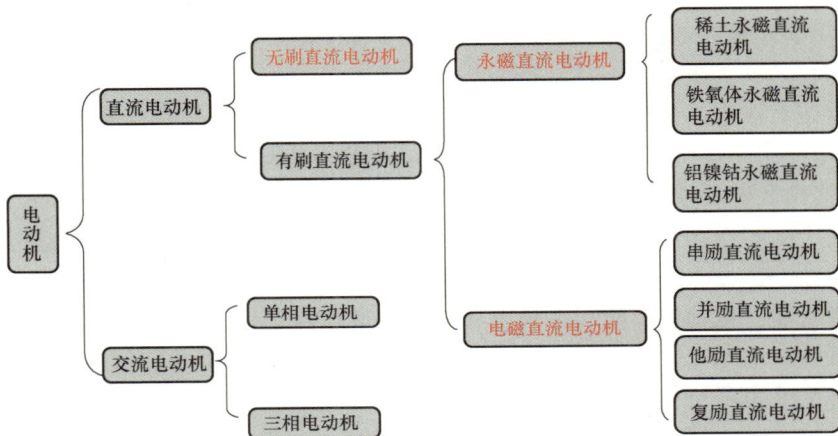

图 5-8　按照工作电源种类划分的电动机种类

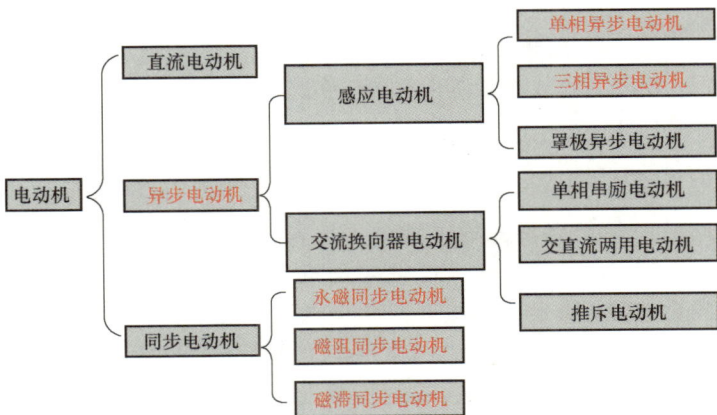

图 5-9　按照结构和工作原理划分的电动机种类

5.4　汽车用驱动电机的使用要求

汽车行驶的特点是频繁地起动、加速、减速、停车等，在低速或爬坡时需要高转矩，在高速行驶时需要低转矩。电动机的转速范围应能满足汽车从零到最大行驶速度的要求，即要求电动机具有高的比功率和功率密度。由于驱动电机性能的好坏将直接影响到电动汽车的动力性，兼顾电动汽车舒适性、环境适应性、经济性和排放性，要求电动汽车的驱动电机具有比普通工业用电机更为严格的技术规范。对汽车用驱动电机的主要性能要求如下：

1）高电压。在允许的范围内，尽可能采用高电压，可以减小电动机的尺寸和导线等的尺寸，特别是可以降低逆变器的成本。工作电压由 THS 的 274V 提高到 THS B 的 500V 时，在尺寸不变的条件下，最高功率可由 33kW 提高到 50kW、最大转矩可由 350N·m 提高到 4000N·m。可见，应用高电压系统对汽车动力性能的提高极为有利。

2）转速高。电动汽车所采用的感应电动机的转速可以达到 8000～12000r/min，高转速电动机的体积较小、质量较小，有利于降低整车的装备质量。

3）质量小、体积小。可通过采用铝合金外壳等途径减小电动机的质量，各种控制装置和冷却系统的材料等也尽可能选用轻质材料。电动汽车驱动电机要求有高的比功率（电动机单位质量的输出功率）和在较宽的转速和转矩范围内都有较高的效率，以实现减轻车重、延长续驶里程的目的。

4）调速范围宽。电动机应具有较大的起动转矩和较大范围的调速性能，以满足起动、加速、行驶、减速、制动等所需的功率与转矩。电动机应具有自动调速功能，以减轻驾驶人的操纵强度，提高驾驶的舒适性，并且能够达到与内燃机汽车加速踏板同样的控制响应。

5）过载能力强。电动汽车驱动电机需要有 4～5 倍的过载，以满足短时加速行驶与最大爬坡度的要求。

6）综合要求高。电动汽车驱动电机应具有高的可控性、稳态精度、动态性能，以满足多部电动机协调运行。

7）制动再生效率高。在汽车减速时，能够实现反馈制动，将能量回收并反馈回蓄电池，使得电动汽车具有最佳能量利用率。

8）可靠性好。电动机应具有高的可靠性、耐温和耐潮性，并在运行时噪声小，能够在较恶劣的环境下长期可靠地工作。

此外，汽车用驱动电机还需要磁兼容性好、结构简单、适合大批量生产、使用维修方便及价格便宜等。

5.5 汽车用驱动电机的应用分析

电动机在新能源汽车上的应用，主要是将电动机作为驱动部件。因此，电动机要满足整车性能要求，其设计的必要条件就是在最大转矩、最大功率、最高转速的条件下，所施加的电压、电流、频率在逆变器可控制范围内，并且电动机上升的温度在容许范围内。另外，当控制装置出现异常或者发生故障时，控制装置不会由于电动机反电动势造成过压压力性损坏；在电动机转速过高时，电动机不会由于离心力的作用发生强度上的损坏等。在满足了这些必要条件之后，为了实现电动机的最佳方案设计（包括搭载设计可行性、油耗、电耗、成本），电动机设计过程中需要反复进行模拟计算和试制评价进行确认。

由于车辆的布置空间非常有限，需要电动机尽可能体积小。汽车用驱动电机小型化的通常手段就是高转速化、降低最大转矩以满足整车性能。高转速化需要解决一系列问题，如降低与频率的平方成正比增大的铁损、提高机械强度、减小振动等。为了降低铁损，通常将转子磁铁由平板形状布置改为 V 形布置。V 形布置不仅能够降低高速旋转时的铁损，还能够改善由于磁阻转矩分量的增加造成的电流值下降。另外，V 形布置磁铁可以通过树脂膜成型来提高耐离心强度。

新能源汽车同样要考虑降低能量损耗。一般所说的降低损耗指降低新能源汽车的油耗和电耗。因此，需要降低在实际行驶时使用频度较高的电动机工作点的损耗。图 5-10 所示为新能源汽车电动机工作点运行频度图谱，用于评价正常行驶条件下电动机损耗对能耗的影响。此图以等高线的形式来表示在转速-转矩运行区域产生的频度。图 5-10a 为陡坡路工况，图 5-10b 为高速行驶工况。图 5-11 所示为典型市区道路行驶中每隔 1s 所产生的工作点，表示电动机以非常低的负载与速度运行进行的评价。另外，图 5-11 用阴影部分描绘出了电动机铁损与铜损较大的区域。从图 5-10 和图 5-11 可以看出，电动机铁损对能耗的影响很大。如前文所述，转子磁铁的 V 形布置对降低无负载时定子产生的谐波磁通很有效果，进而可减少铁损和改善能耗。图 5-12a 和图 5-12b 表示通过一系列降低损耗的方法改进后的电动机效率为 96%，市区道路工况与高速行驶工况在各自的工作重点的效率从 92% 分别提高到 94% 和 93%。

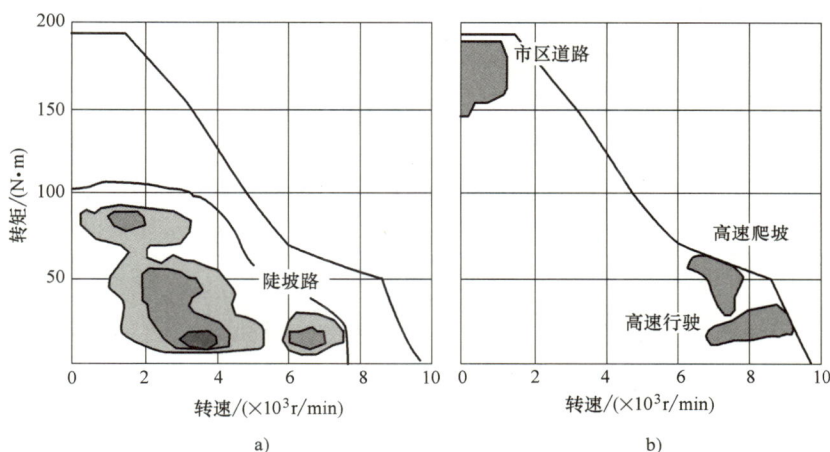

图 5-10　新能源汽车电动机工况点运行频度图谱

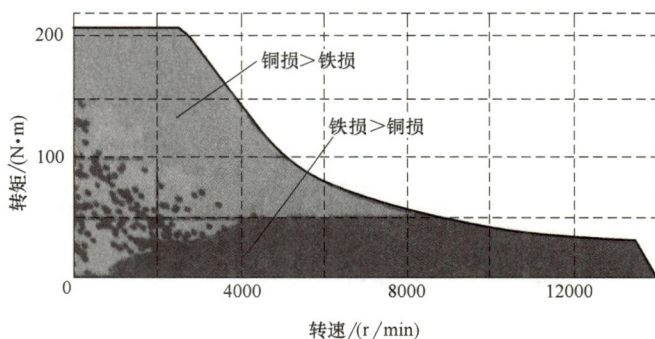

图 5-11　典型市区道路行驶工况点频度分布

　　电动机工作过程中会产生热量，而磁性体（最高 160℃）和绕组绝缘外皮（H 类 180℃）是电动机内部必须进行隔热保护的重要部分。电动机特别是 PHEV 的发动机与变速器壳体连接，温度较高。另外，电动机产生热量最多的绕组由于是缠绕在定子的槽内，热量很难通过定子传导出去。因此，现在大部分的汽车用驱动电机都采用液体冷却方式，例如纯电动汽车用驱动电机大都采用水冷方式，集成式的插电式混动动力电动汽车用驱动电机一般采用油冷方式。

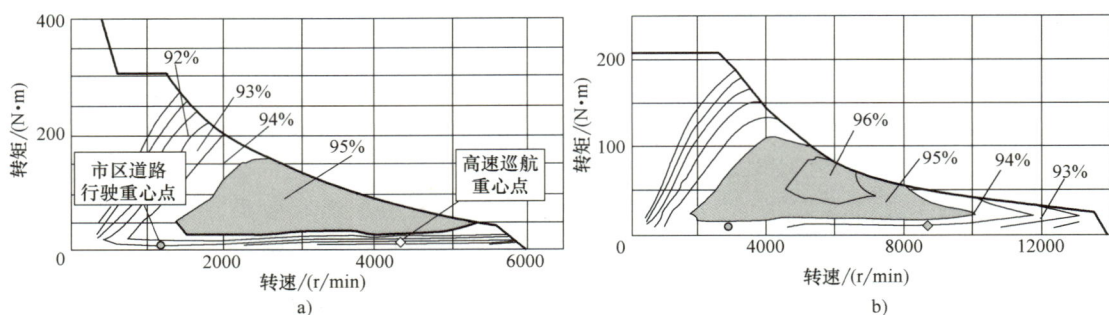

图 5-12 电机效率图谱

a) 改进前效率图谱 b) 改进后效率图谱

5.6 电动汽车常用驱动电机——永磁同步电动机

美国、日本和德国是开发永磁同步电动机起步较早的国家。早在 20 世纪 50 年代，美国 GE 公司就研制了 100kW 级别的微型永磁同步电动机。但由于磁钢的磁能及磁密度都很低，其功率因数虽然提高较多，但效率提高较少。20 世纪 60—70 年代，稀土钐钴永磁材料问世，钐钴材料的优异磁性能使得永磁电动机得到快速发展。但由于钐、钴均为稀有金属，产量极少，因此钐钴磁钢的价格昂贵，使永磁同步电动机的价格相应提高。

1978 年，法国 CEM 公司采用瑞士 BBC 公司生产的低稀土 20 钐钴磁钢，研制成功新型永磁同步电动机。与三相异步电动机相比，该系列电动机的效率提高了 4%~10%，其功率因数平均提高 0.072，电动机价格约提高 35%。这种电动机特别适于大范围同步调速的化纤、纺织工业，也广泛用于水泵、风机等连续调速运转的机械，而超出的成本价格可以从后期使用成本中得到补偿。近些年来，随着新能源汽车的不断发展，汽车用永磁同步电动机以其高效等优点得到了广泛的发展和应用。

同步电动机指转子转速与定子旋转磁场的转速相同的电动机。用于汽车驱动的同步电动机几乎全都为旋转磁极式，转子使用永久磁体。转子的构成可大致分为表面磁铁型表贴式（SPM）与内部磁铁型内嵌式（IPM）。

SPM 电动机是圆弧状或环形状永久磁体在转子表面布置的电动机。通常情况下，永久磁体硬而脆，在离心力下的强度不足，需要覆盖非磁性体（不锈钢等）的环形壳罩或玻璃纤维强化树脂（FRP）。

IPM 的永久磁体置于铁心内部，因此磁铁强度上没有问题。磁铁分散布置，而非沿着转子的周围均匀布置，因此根据转子的位置不同，电感也不同。由于磁铁布置在内部，其有效磁通比 SPM 电动机要低。

在用于汽车的情况下，为了实现高速恒功率特性，就需要弱磁控制。同步电动机永久磁体旋转达到高速之后，感应电动势增大，超过了电源电压。所谓的弱磁控制，就是在高速旋转时为了降低感应电动势，向定子绕组通电以抵消永久磁体的磁通量。

SPM 和 IPM 电动机在弱磁控制的难易程度上有所不同。SPM 由于电感较小，因此弱磁控制较难，一般来说很难获取较宽的恒功率区域。因此多数电动汽车使用 IPM 电动机。

永磁同步电动机的一大主要特点是转速与电源频率同步，因此可采用变压变频（VVVF）实现调速。为了提高控制的性能和降低成本，VVVF 控制策略得到了巨大发展，新型的控制策略也不断被提出。

（1）转速开环恒压频比控制　该控制方法从电动机的稳态特性推导得出，只要求控制变量的幅值，而且反馈量是与给定量成正比的直流量，即是一种标量控制。所以控制原理与结构简单、成本低、容易实现，能满足一定的调速要求。恒压频比控制在实际运用中仍被广泛使用，但由于采用单变量系统的控制，稳定性能不高、动态性能不够理想、参数难以设计等缺点也十分明显。

（2）矢量控制　该控制方法是将交流电动机和直流电动机进行分析、对比来解释其工作原理，并由此创造了交流电动机等效直流电动机控制的首例。矢量控制使人们看到交流电动机控制复杂，却依旧可以实现电磁转矩、电机磁场独立控制的本质。

（3）直接转矩控制　该控制方法是在空间矢量调速理论的基础上发展起来的一种新型交流电动机调速策略，其在异步电动机调速系统中的应用已经比较成熟，但在永磁同步电动机控制系统中的应用研究相对滞后。由于永磁同步电动机具有诸多优点，应用日益广泛，因此直接转矩控制在永磁同步电动机中的应用研究成为运动控制研究的热点课题。

5.7　电动汽车常用驱动电机——永磁异步电动机

异步电动机是由气隙旋转磁场与转子绕组感应电流相互作用产生电磁转矩，从而实现电能量转换为机械能量的一种交流电动机。其转速随负载大小的变化而变化。负载转矩越大，转子的转速越低。异步电动机的种类很多，包括感应电动机、双馈异步电动机和交流换向器电动机，最常见的分类方法是按转子结构和定子绕组相数分类：按照转子结构来分，有笼型异步电动机和绕线转子异步电动机；按照定子绕组相数来分，有单相异步电动机、两相异步电动机和三相异步电动机。通常说的异步电动机就是感应电动机，它是各类电动机中应用最广、需求量最大的一种。在电动汽车中，主要使用笼型异步电动机。

异步电动机的基本特点有：①小型轻量化；②易实现转速超过 10000r/min 的高速旋转；③高速低转矩时运转效率高；④低速时有高转矩，以及有宽泛的速度控制范围；⑤运行可靠性高（坚固）；⑥制造成本低，结构简单，使用、维护方便；⑦控制装置简单化。

与同步电动机相比，异步电动机的效率略低。但是，异步电动机成本低且可靠性高，逆变器即便是损坏而产生短路也不会产生反向电动势，所以没有出现紧急制动的可能性。异步电动机也有一定的应用局限性，其转速与旋转磁场的同步转速有固定的转差率，因而调速性能较差，在要求有较宽广的平滑调速范围的使用场合不如直流电动机经济、方便。此外，异步电动机在运行时，从电力系统吸取无功功率以励磁，这会导致电力系统的功率因数变差。因此，在大功率、低转速场合使用异步电动机不如用同步电动机合适。异步电动机在新能源汽车上有部分应用，如美国特斯拉汽车，在我国、日本、韩国等国家及地区的新能源汽车上更多地使用永磁同步电动机。

电动汽车控制系统

电动汽车是一个高度集成的电气化系统，包括驱动电机控制系统、蓄电池管理系统、车载充电系统、电动辅助系统等各子系统。各子系统功能不是简单地叠加，必须通过整车控制系统来进行各子系统的协调控制，从而实现整车的最佳性能。对于电动汽车而言，整车控制系统主要包括整车控制器、蓄电池管理系统、电机控制器、车身控制管理系统、信息显示系统和通信系统等，它对电动汽车的动力性、经济性、安全性和舒适性等有很大的影响，要求其具有较高的可靠性、容错性、电磁兼容性和环境适应性等，以保障电动汽车整车安全、可靠地运行。电动汽车电气系统的结构如图6-1所示。下面重点介绍整车控制器、蓄电池管理系统和电机控制器。

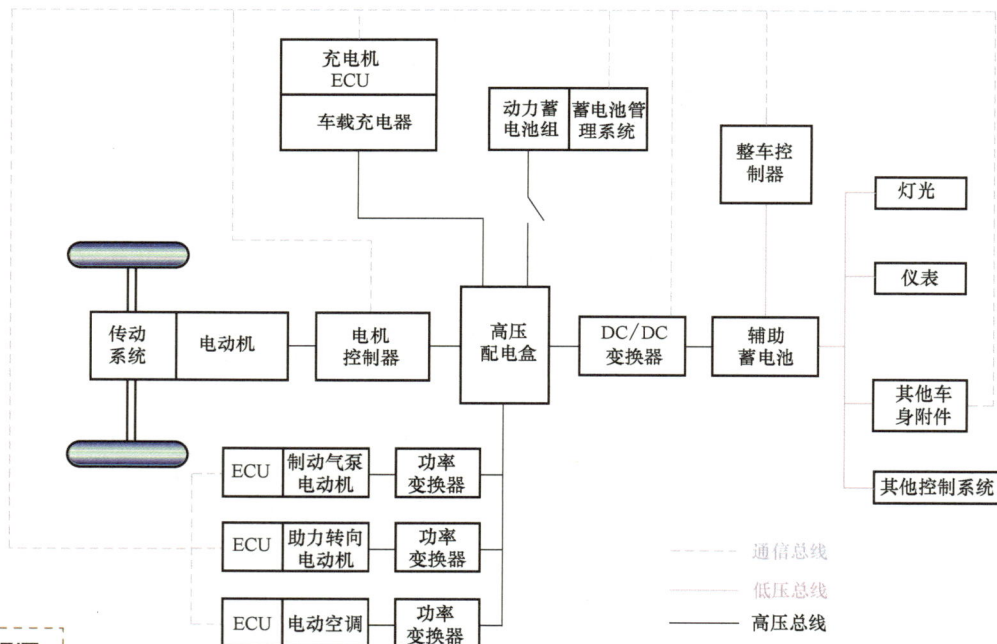

图 6-1　电动汽车电气系统的结构

6.1　整车控制器

整车制动器

整车控制器（VCU）是电动汽车控制系统的核心，承担了数据交换与管理、故障诊断、安全监管、驾驶人意图解释等功能，其实物如图6-2所示。

6.1.1　整车控制器的功能

整车控制器通过采集加速踏板信号、制动踏板信号及其他部件信号，做出相应判断，控制下层各部件控制器的动作，通过 CAN 总线对网络信息进行管理、调度、分析和运算，针对车型的不同配置进行相应的能量管理，实现整车驱动控制、能量优化控制、制动回馈控制和网络管理等功能。在汽车行驶过程中具体执行的任务包括：

图 6-2   电动汽车整车控制器实物

测量加速踏板
传感器电阻值

1）驾驶人驾驶需求信息采集功能。驾驶信息是驾驶人输入给车辆的，准确地采集驾驶人的驾驶意图信息对驾驶人的驾驶感受和车辆行驶的安全性有很重要的作用。驾驶人的驾驶信息主要包括：加速踏板信号、制动踏板信号、钥匙信号和档位信号（前进档和后退档）等。整车控制器要求能够准确地采集这些器件的电信号，判断驾驶人的驾驶意图，结合动力系统状态，判断车辆工况，最后进行车辆控制。

2）车辆状态信息采集与系统显示功能。车辆的状态信息对于驾驶人的驾驶十分重要，整车控制器必须能够准确地采集车辆的状态信息并能够实时显示。车辆的状态信息包括空调开关状态信号、充电开关信号、车速信号、辅助蓄电池电压信号以及 CAN 总线网络电机控制系统、蓄电池管理系统和 ABS 等子系统的状态。另外，车辆故障状态的采集也需要实时准确。整车控制器需要实时地采集这些状态信息，作为整车控制决策的依据。同时，整车控制器需要根据车辆的状态实时地显示相关的信息。显示状态信息的方式主要有两个方面，一是通过直接驱动与整车控制器相连的状态灯；二是将状态信息发送到 CAN 总线，组合仪表显示系统和智能显示终端获取 CAN 总线信息并显示。

3）整车能量管理功能。纯电动汽车的能量来源是动力蓄电池，而车上用电设备很多，如各电子控制器、各电子传感器、空调系统、电动机以及电动助力系统等。整车控制器需要实时地监控这些用电设备的状态，协调和管理各耗能设备的工作，优化整车的能量效率。另外，再生制动能够一定程度地回收能量，并储存在蓄电池中，再生制动的控制对于纯电动汽车十分有意义。

4）整车控制信息输出功能。整车控制器通过采集驾驶人的驾驶意图信息和车辆的状态信息，进行工况判断并执行相应的控制策略，得到控制信息。整车控制器的工况判断及其相应的工况处理策略，对于整车的安全运行和驾驶人的驾驶感觉至关重要。控制信息输出的途径主要有两个方面，一是通过与整车控制器直接相连的驱动器来控制相关设备；二是将控制信息通过 CAN 总线发送到相关子系统，通过子系统来执行控制信息。动力系统的控制信息输出必须稳定、及时，才能达到车辆性能的要求。

5）整车故障诊断与处理。整车控制器需要实时地监控和诊断与其相连的所有传感器、执行器和自身的故障，并且检查总线状态和通过总线发送过来的总线上各子系统的故障信号。通过一定的故障诊断方法诊断系统故障，并根据故障内容按照严重性分级。同时，需要建立故障处理系统，不同的故障采用不同的处理方法，保障整车运行安全。

6.1.2 CAN总线

控制器局域网络（CAN）由研发和生产汽车电子产品著称的德国 BOSCH（博世）公司于 1986 年 2 月在 SAE（汽车工程协会）大会上首次提出，并在 1993 年纳入国际标准 ISO 11898（高速应用）和 ISO 11519（低速应用），目前已成为工业数据通信的主流技术之一。

1. CAN 总线结构

CAN 总线采用双线串行通信方式，通过 CAN 总线、传感器、控制器和执行器将串行数据线连接起来。CAN 控制器对于控制单元处理器传送的数据进行处理并发送至 CAN 收发器，同时接收 CAN 收发器的数据传送至控制单元处理器；所有数据通过 CAN 收发器连接至数据传输线上。为减少干扰，数据传输线多采用双绞线、同轴电缆或光纤，分为 CAN-H 和 CAN-L。其电压值为镜像关系，数据通过线轴上的差分电压进行传送。总线末端接有抑制反射的负载电阻，阻值一般为120Ω，作用是阻止数据在传输至终端反射回来时产生反射波而破坏数据。其拓扑结构如图 6-3 所示。

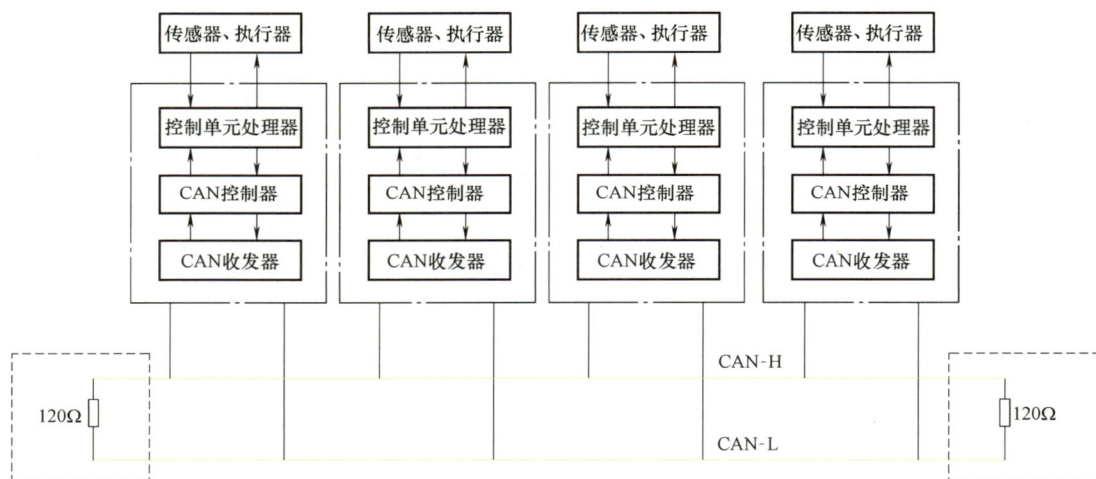

图 6-3 CAN 总线拓扑结构

2. CAN 总线分层

国际标准化组织（ISO）和国际电报电话咨询委员会（CCITT）联合制定的开放系统互连参考模型，将开放互联信息系统划分为 7 个层次，分别是物理层、数据链路层、网络层、传输层、会话层、表示层和应用层；而 CAN 总线分层只划分了两层：数据链路层和物理层。CAN 总线分层结构如图 6-4 所示。

数据链路层是 CAN 总线的核心部分，划分为媒体存取控制（MAC）层和逻辑链路控制（LLC）层。数据链路层的功能是将从物理层接收到的信号组织成有意义的信息，保证物理层在各种通信环境下都能提供正确的数据。LLC 层实现过滤、过载通知和管理恢复等功能，MAC 层实现数据封装/解包、帧编码/解码、媒体访问管理、错误检测、应答、串并转换等功能。

物理层定义了信号的实际传输方式，包括位时序、位编码、同步等步骤。同一网络中所有节点的物理层必须完全一致。

3.CAN 总线技术的特点和优点

CAN 总线与一般的通信总线相比，它的数据通信具有突出的可靠性、实时性和灵活性。其主要特性如下：

1）具有较高的性价比。它结构简单，器件容易购置，每个节点的价格较低，而且开发过程中能充分利用现在的单片机开发工具。

2）它是目前为止唯一有国际标准的现场总线。

3）多主方式工作。网络上任一节点均可在任意时刻主动向网络上其他节点发送信息而不分主从，通信方式灵活且无需站地址等节点信息。

4）网络上的节点信息分成不同的优先级，可满足不同的实时要求。高优先级的数据可在 $134\mu s$ 内得到传输。

5）采用非破坏性总线仲裁技术。当多个节点同时向总线发送信息时，优先级较低的节点会主动地退出发送，而最高优先级的节点不受影响地继续传输数据，从而大大节省了总线冲突仲裁时间，在网络负载很重的情况下不会出现网络瘫痪情况。

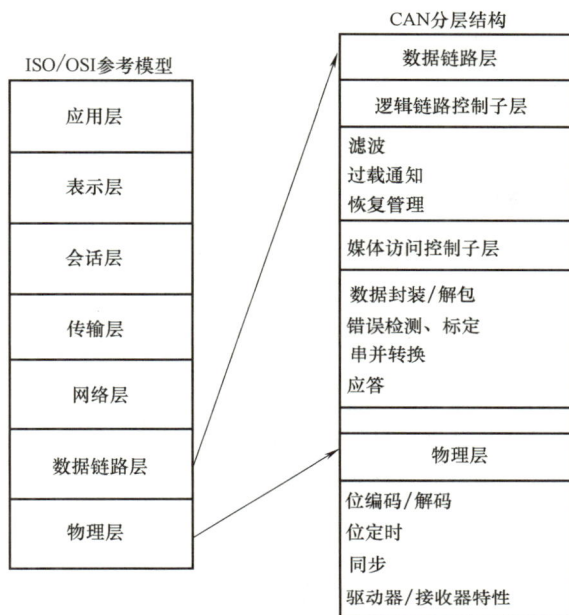

图 6-4　CAN 总线分层结构

6）只需通过报文滤波即可实现点对点、一点对多点及全局广播等几种方式传送、接收数据，无需专门"调度"。

7）通信距离最长可达 10km（速率小于 5kb/s），速率最大可达到 1Mb/s（通信距离小于 40m）。

8）节点数主要取决于总线驱动电路，目前可达成 110 个。

9）采用短帧结构，传输时间短，受干扰概率低，具有极好的检错效果。

10）每帧信息都有 CRC 校验及其他检错措施，可有效降低数据出错率。

11）CAN 总线传输介质可以是双绞线、同轴电缆或光纤、选择灵活。

12）节点在错误严重的情况下具有自动关闭输出功能，以使总线上其他节点的操作不受影响。

6.1.3　整车控制器的结构与控制原理

整车控制器（VCU）的结构示意图如图 6-5 所示，包括外壳、硬件、底层软件和应用层软件几部分，其中硬件、软件和应用层是 VCU 的核心。

整车控制器是一个多输入、多输出、数模电路共存的复杂系统，其各个功能电路相对独立。硬件电路按照模块化划分，主要包括微处理器、CAN 通信模块、数模输入/输出模块、BDM 调试模块、串口通信模块、电源及保护电路模块等。

整车控制原理图如图 6-6 所示。

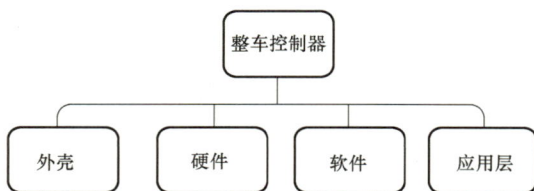

图 6-5 整车控制器（VCU）的结构示意图

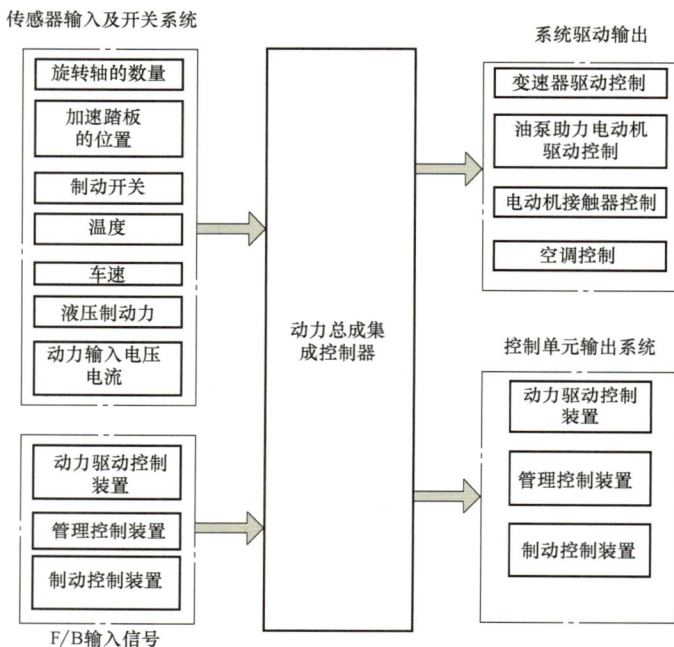

图 6-6 整车控制原理图

6.2 蓄电池管理系统

电动汽车蓄电池管理系统（BMS）是连接车载动力蓄电池和电动汽车的重要纽带，它能使动力蓄电池性能得到充分利用。在电动汽车的发展过程中，动力蓄电池及蓄电池管理系统的研究格外重要。其主要功能包括：蓄电池物理参数实时监测；蓄电池状态估计；在线诊断与预警；充、放电与预充控制；均衡管理和热管理等。使用蓄电池管理系统可以提高蓄电池的利用率，防止蓄电池出现过充电和过放电，延长蓄电池的使用寿命，监控蓄电池的状态。蓄电池管理系统实物如图 6-7 所示。

6.2.1 国内外蓄电池管理系统的发展情况

国外较大的电动汽车生产企业和蓄电池供应商针对各种不同类型的动力蓄电池做了大量研究、实践工作，并成功开发出多种蓄电池管理系统装车应用。

目前美国较为成熟的蓄电池管理系统有：

1）通用汽车公司的 EVI 蓄电池管理系统，该系统管理 26 个串联的铅酸蓄电池，放电深

图 6-7　电池管理系统实物

度为 80%，蓄电池使用寿命为 450 个深放电循环，能监测单体蓄电池的电压，采集蓄电池组的电流，重点关注蓄电池组的可靠性，具有过放电报警系统和高压断电保护等功能。

2）Aerovironment 公司开发的 SmartGuard 系统。该系统在动力蓄电池上安装了分布式管理装置，采集蓄电池的温度和电压，具有过充监测、放电极性方向报警、记录蓄电池历史、提供最差单体蓄电池信息等功能。

3）ACPropulsion 公司开发的高性能蓄电池管理系统 BatOpt。该系统由中心控制单元和每个蓄电池上的监控模块组成。监控模块通过 twowire 总线向中心控制单元传送各个单体蓄电池的温度、电压等工作信息，由中心控制单元收集信息后提供相应策略。

除美国之外，德国 MentzerElectronicGmbh 和 WernerRet-zlaff 为首设计的 BADICHEQ 系统及 BADICOACH 系统，德国 B. Hauck 设计的 BATTMAN 系统同样具有代表性。BADICHEQ 系统于 1991 年 12 月首次装车实验，能够采集电流、温度和电压信号，同时具有数据通信、均衡控制和数据显示功能。BADICOACH 系统是对 BADICHEQ 系统的改进，采用了非线性电路来测量每个单体蓄电池的电压，并通过一条信号线将各个单体蓄电池电压传输给系统。BATTMAN 系统最大的特点是将不同型号的蓄电池组做成一个系统，通过改变硬件的跳线和在软件上增加选择参数的办法，来实现对不同型号蓄电池组的管理。

我国蓄电池管理研究起步较晚，自"十五"期间设立电动汽车重大研究项目，经过十几年发展，也取得了一系列的成果和突破。北京交通大学自 1999 年起一直致力于蓄电池管理系统的研究，形成了涵盖多种蓄电池体系、结构多样、可适应不同车型的系列产品，具有单体蓄电池电压的检测、蓄电池充放电电流的检测、蓄电池均衡管理、故障报警等功能。北京理工大学研制的蓄电池管理系统采用分布式结构，可实现实时参数检测、故障诊断、危险信号报警和热管理等功能，有效地管理车辆能量。比亚迪股份有限公司设计的蓄电池管理系统同样采用分布式结构，具有采集蓄电池组总电压和总电流、安全保护和热管理等功能。

6.2.2　蓄电池管理系统的功能

蓄电池管理系统对单体电池及蓄电池组进行全周期监测，并通过估算蓄电池荷电状态（SOC）对动力蓄电池充、放电进行管理，使蓄电池保持在最优工作状态。蓄电池管理系统的基本功能主要有蓄电池状态监测、蓄电池状态分析、蓄电池安全保护、能量控制管理及蓄电池信息管理等，如图6-8所示。

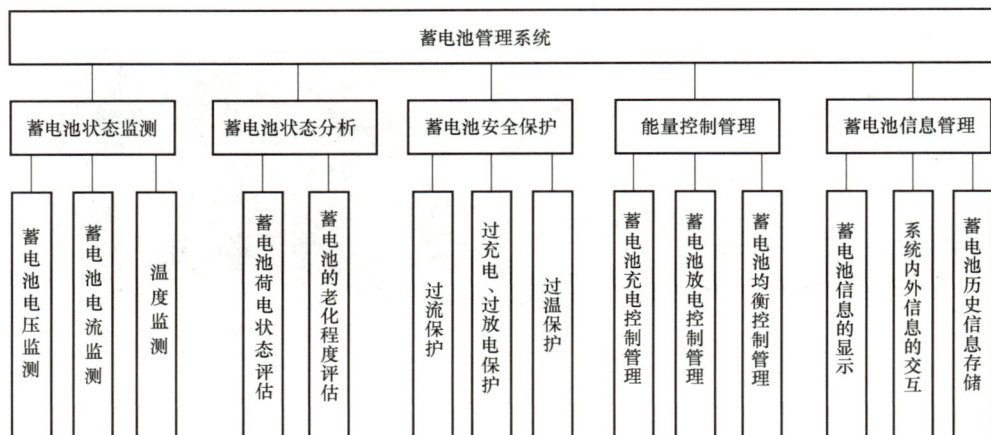

图 6-8 蓄电池管理系统的基本功能

（1）蓄电池状态监测 蓄电池状态监测主要指对动力蓄电池电流、电压和温度的监测。在温度监测时，不仅是对蓄电池本身的温度进行监测，还应对环境温度、动力蓄电池箱体温度等多因素进行监测。蓄电池状态监测是蓄电池管理系统最基本的功能，蓄电池状态分析、蓄电池安全保护、能量控制管理及蓄电池信息管理等功能都以状态监测为基础。

（2）蓄电池状态分析 蓄电池状态分析包括蓄电池荷电状态（SOC）评估和蓄电池老化程度（SOH）评估两部分。

SOC 一般用百分比来反映，也常被换算为电动车辆还能行驶的里程数，让驾驶人获得更为直观的信息。目前 SOC 状态有安时积分法、内阻法、开路电压法、卡尔曼滤波法、线性模型法、神经网络法等多种估算方式，但都只是估算值，与实际电量状态仍有一定的误差。

SOH 也常用一个百分比来反映，即经过多次循环后，蓄电池所能装载的最大容量相对于刚出厂时最大容量的百分比，反映了蓄电池的老化状态。SOH 受动力蓄电池使用过程中的工作温度、放电电流的大小等因素影响，需要在使用过程中不断进行评估和更新，以确保驾驶人获得更为准确的信息。

（3）蓄电池安全保护 蓄电池安全保护是蓄电池管理系统最重要的功能，"过流保护""过充电、过放电保护""过温保护"是最为常见的蓄电池安全保护内容。

过流保护也被称为过电流保护，指在充、放电过程中，如果工作电流超过安全值，则应该采取相应的安全保护措施。大多数锂离子蓄电池都支持短时间过载放电，能在汽车起步、提速过程中提供较大电流以满足动力性能要求，但不同厂家、型号的动力蓄电池所支持的过载电流倍率、过载持续时间都是不一致的，这就需要管理系统根据实际蓄电池型号进行相应的策略安排。

过充电、过放电保护指在蓄电池荷电状态为100%或者0的情况下，采取切断蓄电池的充电或放电回路的保护措施。在实际操作过程中，过充电、过放电保护有一种简单的实现方式，即设定充、放电的截止保护电压，即如果检测到的蓄电池电压高于或者低于所设定的门限电压值，则及时切断电流回路以保护蓄电池。

过温保护即当温度超过一定限制值时对动力蓄电池采取保护性的措施。过温保护需要考虑环境温度、蓄电池组的温度以及每个单体蓄电池本身的温度。由于温度的变化需要一个过程，温度控制往往具有滞后性，因此，温度保护往往要考虑一些"提前量"，如监测到环境温度或者蓄电池箱温度突然快速上升，虽然还未到达安全门限值，但也应通过仪表显示等手段对驾驶人进行警告。

（4）能量控制管理　常被归入蓄电池"优化管理"的范畴，包含蓄电池的充、放电管理和均衡控制管理。蓄电池充电控制管理指蓄电池管理系统在蓄电池充电过程中，对充电电压、充电电流等参数进行实时的优化控制，优化目标包括充电时长、效率及饱满程度等。放电控制管理指在蓄电池放电过程中，根据蓄电池的状态对放电电流大小进行控制。均衡控制管理指采取一定措施尽可能降低蓄电池不一致性的负面影响，以达到优化蓄电池组整体放电效能、延长蓄电池组整体使用寿命的效果。按均衡的时机分，蓄电池的均衡可分为充电均衡和放电均衡；按均衡的手段分，蓄电池的均衡可以分为能量耗散型均衡和能量转移型均衡。

（5）蓄电池信息管理　蓄电池信息管理包括蓄电池信息的显示、系统内外信息的交互和蓄电池历史信息存储。在信息显示方面，通常需要显示的信息包括实时电压、电流、温度信息，蓄电池剩余电量信息，警告信息。电动汽车的控制离不开车载信息通信网络，而蓄电池管理系统往往需要同时具有内网和外网两级网络。其中，内网用于传递蓄电池管理系统的内部信息，外网用于蓄电池管理系统与整车控制器、电机控制器等其他部件交互信息。在信息存储方面，从时效上具有两种方式，即临时存储与永久存储。其中，临时存储是利用 RAM 暂时保存蓄电池信息，永久存储可利用 EEROM、Flash Memory 等器件来实现，可保存时间跨度较大的历史信息。

（6）蓄电池热管理系统　蓄电池的热相关问题是决定其使用性能、安全性、使用寿命及使用成本的关键因素。首先，锂离子蓄电池的温度水平直接影响其使用中的能量与功率性能。温度较低时，蓄电池的可用容量将迅速发生衰减，在过低温度下（如低于 0℃）对蓄电池进行充电，则可能引发瞬间的电压过充现象，造成内部析锂进而引发短路。其次，锂离子蓄电池的热相关问题直接影响蓄电池的安全性。生产制造环节的缺陷或使用过程中的不当操作等可能造成蓄电池局部过热，并引起连锁放热反应，最终造成冒烟、起火甚至爆炸等严重的热失控事件，威胁到车辆驾乘人员的生命安全。另外，锂离子蓄电池的工作或存放温度影响其使用寿命。蓄电池的适宜温度为 10~30℃，过高或过低的温度都将引起蓄电池使用寿命的较快衰减。动力蓄电池的大型化使得其表面积与体积之比相对减小，蓄电池内部热量不易散出，更可能出现内部温度不均、局部温升过高等问题，从而进一步加速蓄电池衰减，缩短蓄电池的使用寿命，增加用户的总拥有成本。

蓄电池热管理系统是应对蓄电池的热相关问题，保证动力蓄电池使用性能、安全性和使用寿命的关键技术之一。热管理系统的主要功能包括：①在蓄电池温度较高时进行有效散热，防止产生热失控事故；②在蓄电池温度较低时进行预热，提升蓄电池的温度，确保低温下的充电、放电性能和安全性；③减小蓄电池组内的温度差异，抑制局部热区的形成，防止高温位置处蓄电池过快衰减，降低蓄电池组的整体使用寿命。

以 Tesla Motors 公司的 Roadster 纯电动汽车采用的液冷式蓄电池热管理系统为例，车载蓄电池组由 6831 节 18650 型锂离子蓄电池组成，其中每 69 节并联为一组，再将 9 组串联为一层，最后串联堆叠 11 层构成。蓄电池热管理系统的冷却液为 50%的乙二醇水溶液。

蓄电池管理系统除了上述的几方面基本功能外，针对不同的应用场合，还有许多不同功能，可以根据实际应用需求进行补充扩展。

6.2.3　蓄电池管理系统的结构与原理

蓄电池管理系统总体结构框架如图 6-9 所示。

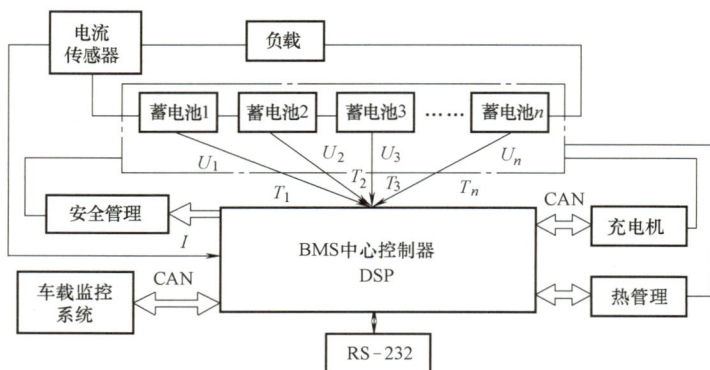

图 6-9　蓄电池管理系统总体结构框架

对于蓄电池管理系统本身的硬件电路而言，一般可分为蓄电池检测回路（BMC）和蓄电池组控制单元（BCU）。在实际工作中，可以一个单体蓄电池配置一块监控电路板，对电流、电压、温度等进行监测，如图 6-10 所示。"一对一"拓扑结构的好处是 BMC 与单体蓄电池距离较短，能减少采集线路的长度和复杂性，精度较高，抗干扰性好，但相对电路板的成本较高，多块电路板将导致系统能耗相对增大。此外，可采用多个单体蓄电池对应一个 BMC，如图 6-11 所示。"多对一"的拓扑结构虽降低了电路板成本，但其连线复杂性较高，抗干扰性相对较差。

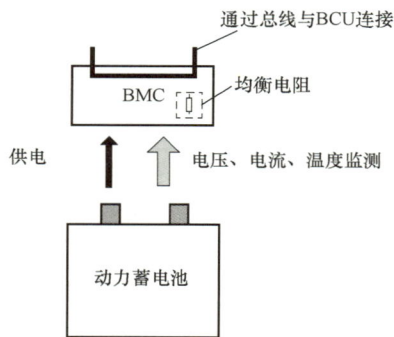

图 6-10　一个单体电池对应一个 BMC 的结构

监测回路（BMC）与蓄电池控制单元（BCU）的连接有以下几种方式。一是将 BMC 和 BCU 设计在同一块电路板上。这种方式成本较低，但不适用于蓄电池数量较多、规模较大的应用场合。二是以星形方式连接，如图 6-12 所示。这种连接方式

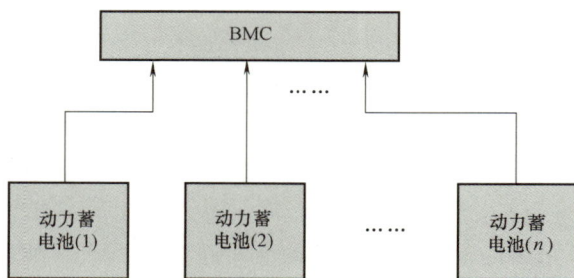

图 6-11　多个单体蓄电池对应一个 BMC 的结构

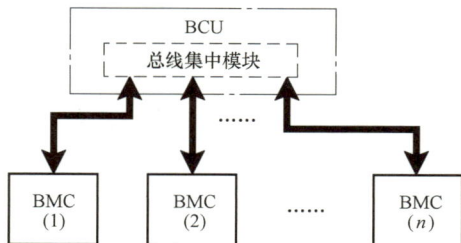

图 6-12　BMC 与 BCU 以星形方式连接

的优点是便于进行介质访问控制，单个 BMC 故障不会对其他 BMC 的通信造成影响；缺点是线路长度较长，维护难度较高，可拓展性较差。三是以总线型方式连接，如图 6-13 所示。这种连接方式更为灵活，可拓展性强，可根据实际需要增加或减少 BMC 的数量，但其通信电路的相互依赖性极强，某个 BMC 的故障将影响所有 BMC 与 BCU 之间的通信。

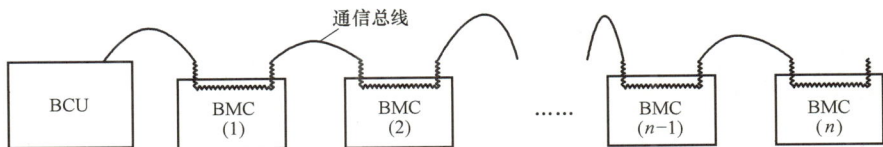

图 6-13 BMC 与 BCU 以总线型方式连接

6.3 电机控制器

电机控制器（MCU）是电机驱动及控制系统的核心，通过集成电路的主动工作控制驱动电机，使其按照设定的方向、速度、角度、响应时间等参数进行工作，保证高效率地将动力蓄电池的能量转化为车轮的能量来驱动车辆，或者将传递至车轮上的动能反馈到动力蓄电池中以实现车轮的制动能量回收。电机控制器实物如图 6-14 所示。

电机控制器

6.3.1 国内外电机控制器发展情况

目前，在国际上从事纯电动汽车用电机控制器研发生产的企业，如美国的 CURTIS、DANA-HER，欧盟的 ABB、ALSTON，日本的日立、川崎等公司，在电动汽车控制器领域积累了多年的研发生产经验，已经能够提供针对不同电机类型、不同功率等级需求的电机控制系统，电机控制器产品整体朝着耐高温、高可靠性、低成本等方向发展。

图 6-14 电机控制器实物

日立公司（以下简称日立）第一代电动汽车电机控制器产品开发于 2007 年，功率密度约为 6.25 kW/L、IGBT（绝缘栅双极型晶体管）模块集成单面直接 Pin-Fin 式水冷设计，控制器内部示意图如图 6-15 所示；其第二代电机控制器开发于 2010 年，相比于第一代产品，第二代产品将冷却水道置于电容器与功率模块之间，并对导电母排走线方式（图 6-16 中虚线）进行优化，使电容器的环境温度与寄生电感参数降低，提高了系统的电气性能与应用可靠性；其第三代电机控制器 IGBT 模块采用双面 Pin-Fin 直接水冷式结构，如图 6-17 所示，相比于第一代、第二代产品所采用的单面直接

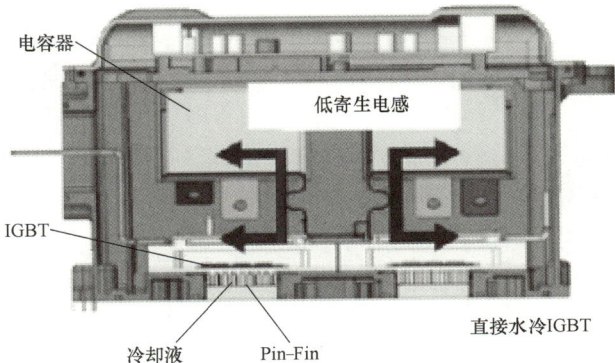

图 6-15 日立公司第一代电机控制器内部结构示意图

水冷结构方式，其热阻约降低 35%，同等芯片尺寸下的载流密度提升超过 30%，功率密度可达 35kW/L，是第一代产品功率密度的 5 倍多。

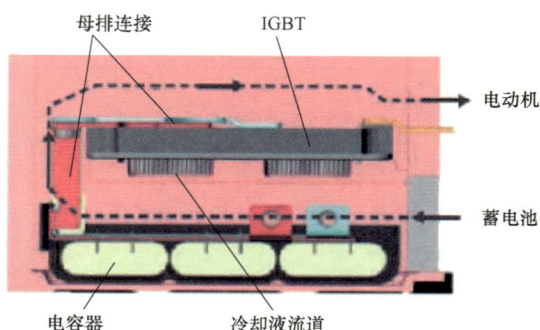

图 6-16　日立公司第二代电机控制器内部结构示意图

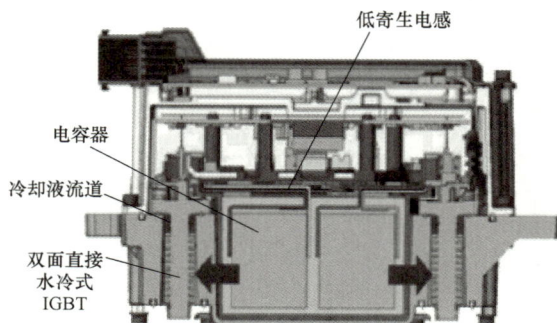

图 6-17　日立公司第三代电机控制器内部结构示意图

　　我国的大洋电机、精进电动、上海大郡等公司在电机及电机控制器方面取得了一定的成果。从电力驱动系统性能参数看，国内外产品并没有明显差异，但在安全方面（如高压安全、功能安全、可靠性和耐久性等）和电磁兼容方面（相关标准和测试环境等），国内产品与国外仍有较大差距。

6.3.2　电机控制器的功能与结构

　　电动汽车用驱动电机除满足车辆运行功能外，还需满足车辆行驶时的舒适性（如在涉水或泥泞颠簸路面稳定行驶）、适应环境的性能（如适应高、低温天气）和一次充电的续驶里程等性能，因此，电动汽车用驱动电机的技术规范要求比普通工业电机更为严格，需具有更高的动静态能力和安全性。电动汽车用电机控制器的要求有以下几方面：

　　1）控制系统中元器件温度符合相关标准规定要求。

　　2）调速范围宽广，转矩响应速度快。在起动、加速、爬坡、频繁起停等情况低速运行时，具有大转矩；汽车在平坦的路面高速运行时，通过控制策略实现电动机高转速运行。

　　3）优化控制策略，使电动机在整个运行范围内的效率最优，包括在制动回馈时能量回收率高，在蓄电池容量一定的前提下增加续驶里程。

　　4）有较为完善的保护方案，保证电动汽车故障发生时能够及时反应，充分保护生命安全和汽车财产安全。

　　5）操纵性能符合驾驶人驾驶习惯，运行平稳，乘坐舒适。

　　电机控制器包括 3 个功能单元：传感器、中间连接电路与处理器。传感器把测得的电压、电流、速度、温度、转矩、电磁通等数据转变为电信号，通过连接电路把这些信号调整到合适的值后输送给处理器，处理器的输出信号通常经过中间电路放大后驱动功率变化器的半导体元件。电动汽车电机驱动系统如图 6-18 所示。

6.3.3　电机控制器的分类及原理

　　目前电动汽车常用的驱动电机及其控制系统主要有以下 4 种：一是直流电动机驱动系统，电动机控制一般采用脉宽调制（PWM）控制方式；二是交流感应电动机驱动系统，电动机控制一般采用矢量控制或直接转矩控制的变频调速控制方式；三是交流永磁电动机驱动系统，包括永磁同步电动机控制系统和永磁无刷方波电动机控制系统，其中永磁同步电动机控制一般采

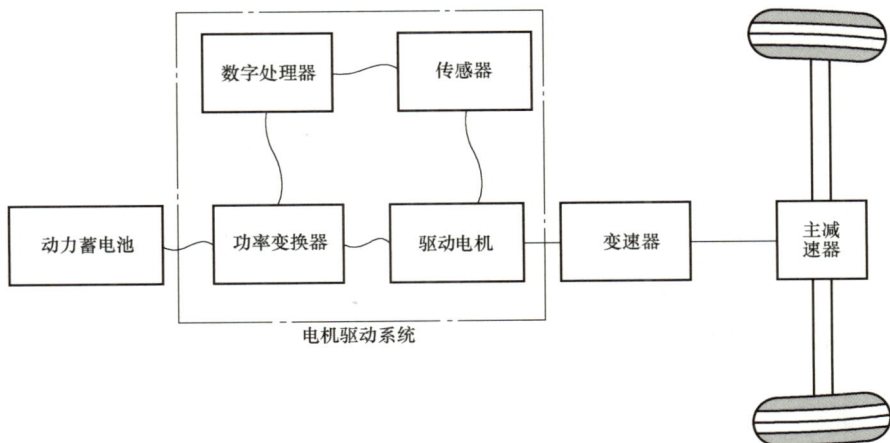

图 6-18　电动汽车电机驱动系统

用矢量控制方法，永磁无刷方波电动机的控制方法与直流电动机控制相似；四是开关磁阻电动机驱动系统，电动机控制一般采用模糊滑膜控制方式。

1. 脉宽调制（PWM）控制方式

直流电动机最早应用于电动汽车，其优点是性能好、成本低，其控制器以斩波方式工作，也称为直流斩波器。直流斩波器分为一象限型、二象限型、三象限型、四象限型。电动汽车用直流电机控制器一般采用二象限型直流斩波器，如图 6-19 所示。

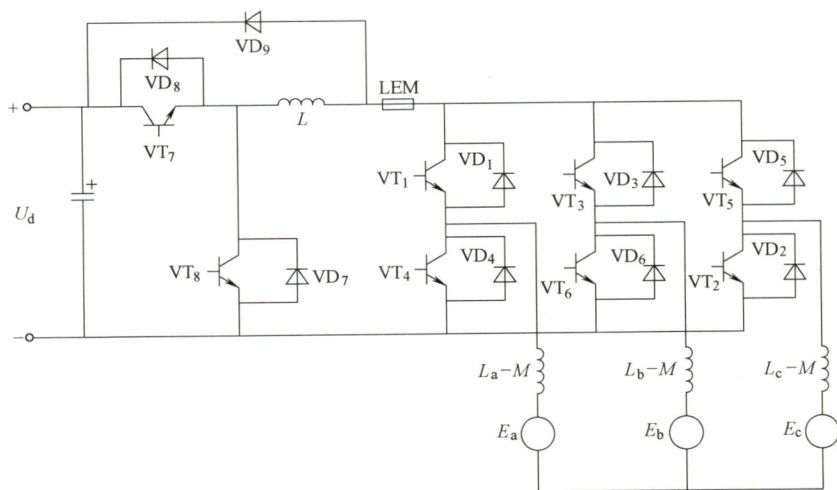

图 6-19　二象限型直流斩波器

直流斩波器输出电压有 3 种调节方式，分别是脉宽调制（PWM）方式、频率调制方式和限流控制方式，如图 6-20 所示。电动汽车用直流电动机驱动通常采用 PWM 方式，电动机电枢电压取决于占空比 ∂ 的变化（∂ 指在周期时间 T 内，功率开关导通的时间 t 与周期时间 T 的比值，即 $\partial = \dfrac{t}{T}$，图 6-21），通过调节占空比 ∂ 来控制电枢电压，继而控制电磁转矩和电动机转

速，实现电动汽车的加速、制动等。其关系式为

$$U_a = \partial U_s \quad I_a = \frac{U_a - E}{R_a}$$

式中，U_s 是电源直流电压，当 $\partial > (E/U_s)$ 时，$I_a > 0$，电机工作在电动机模式，驱动电动车辆行驶；当 $\partial < (E/U_s)$ 时，$I_a < 0$，电动机工作在再生制动模式，电动机实现给电动车辆储能单元充电；当 $\partial = (E/U_s)$ 时，$I_a = 0$，电机处于空载状态。

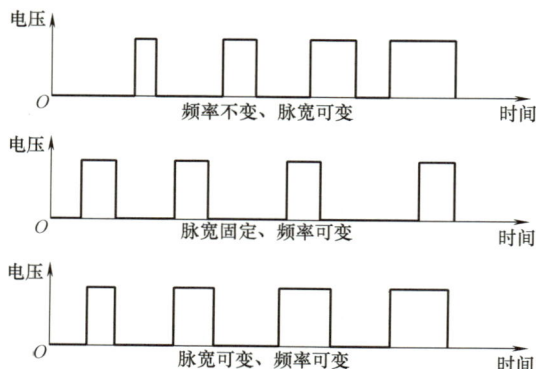

图 6-20　直流斩波器 3 种调节方式

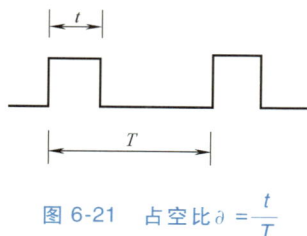

图 6-21　占空比 $\partial = \dfrac{t}{T}$

2. 矢量控制方式

矢量控制方式是将交流电动机模拟成直流电动机来控制，其基本原理是通过测量和控制异步电动机定子电流矢量，根据磁场定向原理分别对异步电动机的励磁电流和转矩电流进行控制，从而达到控制异步电动机转矩的目的。将三相坐标系下的定子电流 I_a、I_b、I_c，按照功率不变原则通过三相坐标变换到二相坐标，分解成两个直流分量：励磁电流 i_d 和转矩电流 i_q，继而实现对电动机的控制。其中，控制励磁电流 i_d 相当于控制磁通，控制转矩电流 i_q 相当于控制转矩。

3. 模糊滑膜控制方式

模糊滑膜控制方式多用于控制开关磁阻电动机。开关磁阻电动机的定子、转子极数不同，但均为凸极结构，转子上无绕组，定子上绕有各相励磁绕组，典型的为 6/4 结构，即定子有 6 个齿极，转子有 4 个齿极，如图 6-22 所示。每相磁路的磁阻根据转子位置的变化而变化，当转子磁极轴线转至与定子磁极轴线对齐时，磁阻最小。开关磁阻电动机的运行遵循"磁阻最小原则"，即磁通总是沿磁阻最小的路径闭合，通过改变绕组中电流脉冲的幅值、宽度，控制转子与定子的相对位置，即可控制转矩的大小和方向。

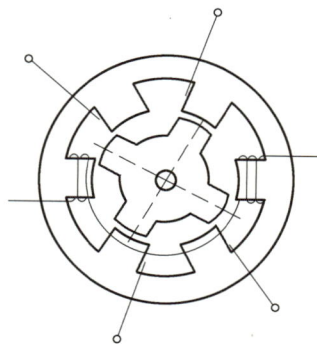

图 6-22　三相 6/4 开关磁阻电动机典型结构（图中为一相绕组）

6.4　燃料电池控制器

燃料电池控制器（Fuel Cell Control Unit，FCU）是燃料电池系统的核心，用来保证燃料电池系统正常工作，其主要功能包括气路管理，水热管理，电气管理，数据通信和故障诊断等。

1）气路管理：实现对燃料电池系统所需的氢气和空气的流量，压力，湿度和温度等进行

合理精准控制。

2）水热管理：实现对冷却水路的循环，加温，散热以及空气和冷却液温度进行控制调节，提高燃料电池系统的功率以及运行的可靠稳定性。

3）电气管理：实现燃料电池电堆电压和电流的检测，调节输出功率，将燃料电压控制在合理区间，消耗关机残留电量，电压电流的保护控制等。

4）数据通信：实现与其他系统进行通信，实现重要数据信息和控制的交互。

5）故障诊断：实现对气路，水热，电气，通信，系统各个方面进行故障诊断，警告，报警和保护等功能。

燃料电池控制器如图 6-23 所示。

图 6-23　燃料电池控制器

燃料电池控制器工作原理图如图 6-24 所示。

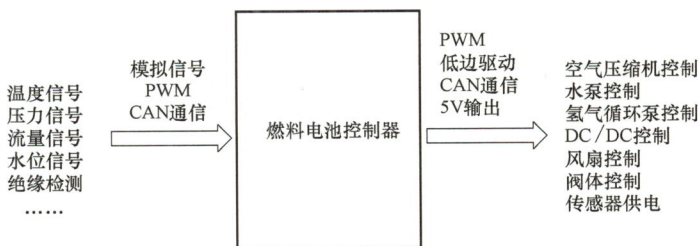

图 6-24　燃料电池控制器工作原理图

6.5　氢系统控制器

氢系统控制器（Hydrogen Management System，HMS）是氢系统的核心部件，主要用于实现车载氢系统的全工作过程控制，包括整个供氢过程的管理和监控，以确保系统可靠和高效地运行。

氢系统主要包括氢气瓶组、瓶口阀、高压传感器、一级减压阀、二级减压阀、主电磁阀、低压传感器、加氢口、单向阀及红外通信模块、氢气泄漏传感器。

与氢系统控制器连接的部件有瓶口阀、高压传感器、主电磁阀、低压传感器以及红外通信模块、氢气泄漏传感器，如图 6-25 所示。

瓶口阀用于控制整个氢气管路的通断，同时在瓶口阀上集成了温度和压力传感器可以用于氢气瓶内压力和温度的监测。高压传感器用于监测从氢气瓶中流出的氢气的压力。氢气通过一级减压阀和二级减压阀后减压到适合进入燃料电池电堆的压力。低压传感器对进入电堆前的氢气压力进行监测，确保进入电堆的氢气压力适宜。氢气泄漏传感器用于对车上各关键部位氢气浓度进行监测，包括发动机车厢、驾驶室车厢等，一般根据需求在车上加装多个。红外通信模块用于加氢过程中氢系统与加氢设备的通信，保证加氢过程的安全进行。

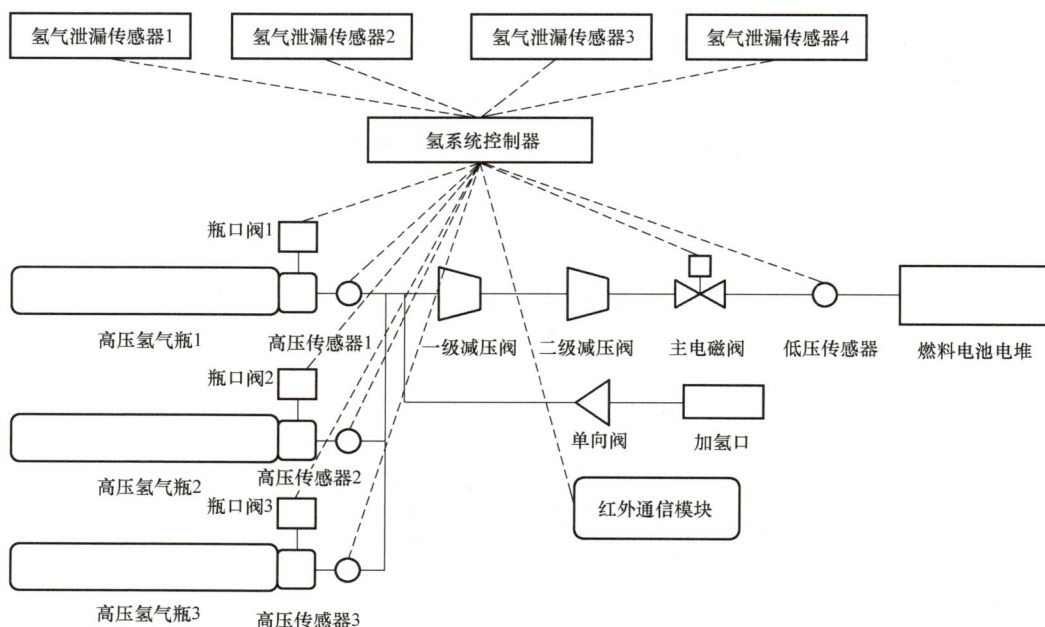

图 6-25　氢系统控制原理图

考虑到整车的布置空间和单个氢气瓶的氢气容量较小，在燃料电池汽车上通常安装多个氢气瓶协同为燃料电池系统提供氢气，因此，要求氢系统控制器能够实现对多个氢气瓶的分布式控制，控制每个氢气瓶的供给和关闭。

电动汽车制动系统

　　传统内燃机汽车制动系统真空助力装置的真空源来自发动机进气歧管，真空度负压一般可达到 0.05~0.07MPa。对于纯电动车或燃料电池汽车，由于没有真空动力源，仅由人力所产生的制动力无法满足行车制动的需要，因此开发并设计了满足电动汽车的电制动系统。

7.1　电动真空泵制动系统的分类和构成

　　传统制动系统是由驾驶人控制制动踏板，与制动踏板相连的真空助力器将驾驶人施加在踏板上的力放大并推动主缸活塞运动，最后制动分缸活塞推动制动片夹紧制动盘，从而实现制动。

　　目前部分电动汽车是利用现有传统汽车的结构基础进行技术改进的，因此在制动系统中，原有的真空助力器以及相关管路得到保留。相对于传统内燃机汽车，电动汽车的制动管路一端连接着电子真空助力泵，当传感器监测到助力器真空度不足时，电子真空助力泵开始工作维持真空环境，通过这样的方式确保真空助力器像传统内燃机汽车一样为驾驶人提供辅助作用。

　　使用电子真空助力泵可以降低电动汽车的改造费用，降低整车研发成本，最大限度地利用传统汽车资源。电子真空助力泵也存在一定的问题：首先，电子真空助力泵的噪声较大；其次，电子真空助力泵的工作稳定性以及使用寿命都不太适合当作主要或唯一的真空源供应部件，当其由于疲劳或其他问题停止工作时，整车将失去真空助力，继而影响到整车驾驶安全。

7.2　线控制动系统的特点

　　为了彻底解决液压系统可能造成的安全隐患和控制时间延长、结构复杂等问题，部分电动汽车采用完全无油液、全电子式线传电控技术（X-By-Wire），由电动机制动模块（EMB）实现其制动功能。该制动系统称为线控制动系统（BBW）。BBW 与传统制动系统有着极大的差别，其电子制动踏板取代了原有的机械连接和真空助力器，系统中没有液压管路等设备存在，踏板信息通过传感器转换为电信号，电子制动控制单元（ECU）可根据各类车载传感器信息计算各车轮最佳的制动压力，然后通过安装在每个车轮上的电制动器实现准确的制动力控制。电子制动卡钳的结构与传统卡钳完全不一样，电子制动卡钳内集成了电控系统、电动机、齿轮机构、活塞以及制动卡钳，如图 7-1 所示。

　　线控制动系统（BBW）主要由以下部分组成：带有踏板感应器的电子踏板模块，包括位移传感器和力传感器；计算和控制用传感器组，包括车轮转速传感器、转向盘转角传感器、偏航角度传感器、加速度传感器等；电控单元（ECU）；4 个独立的电机制动模块（EMB）；电源模块；电子通信网络。

　　当驾驶人踩下制动踏板后，传感器检测出制动动作和制动力，经车载网络传给 ECU，ECU 结合其他传感器信号计算出最佳制动力，输出到 4 个车轮上的独立制动模块（EMB），通

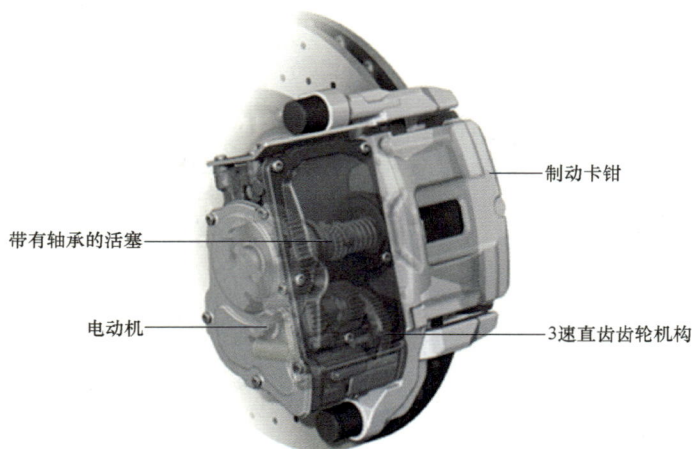

带有轴承的活塞

电动机

制动卡钳

3速直齿齿轮机构

图 7-1　电子制动卡钳

过它提供适当的控制量给电动机执行器，使其完成必要的转矩响应，从而控制制动块实现制动。此外，BBW 还能根据路面状况、车速和车载质量等信息有效控制制动距离，并能对驾驶人的动作意图做出反应。例如，如果驾驶人将脚突然从加速踏板移到制动踏板，BBW 直接进入紧急转换模式。

BBW 具有其他传统制动系统无法比拟的优势。首先，车辆结构发生根本的简化，BBW 省去了传统制动系统中的制动油箱、制动主缸、助力装置、液压阀、复杂的管路系统等部件，也省却了机械和液压连接装置，从而大大简化了车辆结构，减轻了车身重量。其次，整车制动响应时间缩短。由于传统的机械和液压系统存在着运动惯量和间隙等结构特性，控制指令从发出到执行会有一定的延迟，而 BBW 用电来实现控制将大大减小时延，为危险情况下的紧急处理赢得宝贵的时间，因此它可提升汽车行驶的安全性。最后，易于与其他控制功能快速集成。X-By-Wire 技术提供了硬件和功能的集成平台，它可将各种独立的控制系统（如转向、制动、悬架、换档等）集成到统一平台上由计算机调控，通过软件确定汽车的驾驶特性，实现与其他控制系统的无缝连接，从而大幅提高汽车的操纵性、安全性，也大大增加了车辆设计的灵活性与智能化。此外，BBW 能够独立控制每个车轮的制动力，使轮胎获得最佳的地面附着力，这意味着无须增加硬件，仅通过软件即可实现防抱死控制、稳定性控制、电子制动力分配等功能。

7.3　制动能量回收系统

制动能量回收又称为回馈制动或再生制动。对于电动汽车而言，制动能量回收指在减速或制动过程中，驱动电机工作于发电状态，将车辆的部分动能转化为电能储存于动力蓄电池中，同时施加电动机回馈转矩于驱动轴，对车辆进行制动。该技术的应用一方面增加了电驱动车辆一次充电的续驶里程，另一方面减少了传统制动器的磨损，同时改善和提高了整车动力学控制性能。

7.3.1　制动能量回收系统的组成

从整车层面分析，制动能量回收系统主要包括电制动系统和摩擦制动系统两个子系统，同

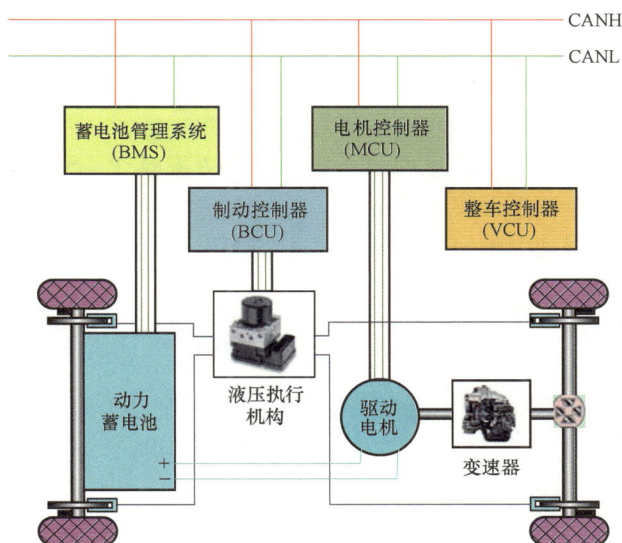

图 7-2　制动能量回收系统总体方案

时涉及整车控制器、变速器、车轮等相关部件，如图 7-2 所示。

电制动系统包含驱动电机及其控制器、动力蓄电池及蓄电池管理系统，用于控制驱动电机工作于发电状态，施加回馈制动力，同时控制电能回收于动力蓄电池。摩擦制动控制系统包括摩擦制动执行机构以及制动控制器（BCU），用于控制摩擦制动力的建立与调节。

7.3.2　制动能量回收系统的分类

1. 按回馈制动力与摩擦制动力耦合关系划分

按回馈制动力与摩擦制动力的耦合关系，制动能量回收系统可以分为叠加式（亦称作并联式）和协调式（亦称作串联式）两种，如图 7-3 所示。

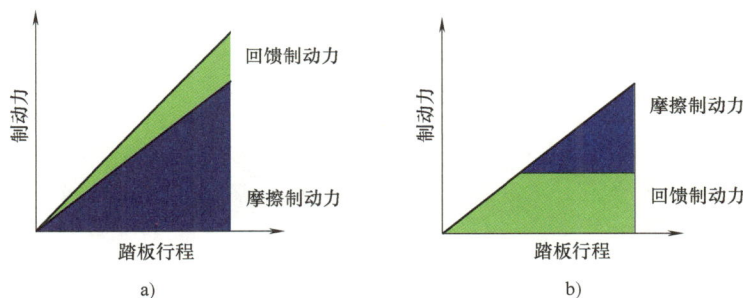

图 7-3　叠加式与协调式制动能量回收系统
a）叠加式　b）协调式

叠加式制动能量回收系统将电动机回馈制动力直接叠加在原有摩擦制动力之上，不调节原有摩擦制动力，实施方便，但回馈效率低，制动感觉差。

协调式制动能量回收系统优先使用回馈制动力，对摩擦制动力进行相应调节，使两种制动力之和与总制动需求协调一致，回馈效率较高，制动感觉较好，但需对传统摩擦制动系统进行改造，实施较为复杂。

2. 按摩擦制动调节机构所依托的技术平台划分

对于叠加式回馈制动，摩擦制动力无须调节，基于传统摩擦制动系统即可实现。对于协调式回馈制动，需要对摩擦制动系统进行重新设计或改造。按照其摩擦制动力调节机构所依托的技术平台不同，协调式制动能量回收系统可分为以下几类：

1）基于 ESP/ESC 技术的制动能量回收系统。此类方案基于 ESP/ESC 技术平台，利用标准化零部件，对制动管路布置进行相应改造。

2）基于 EHB 技术的制动能量回收系统。此类方案采用传统车辆 EHB 电控液压制动系统作为协调式回馈制动的执行机构。

3）基于新型主缸/助力技术的制动能量回收系统。此类方案根据协调式回馈制动的技术要求对制动主缸、助力系统进行重新设计与开发。

4）基于 EMB/EWB 技术的制动能量回收系统。此类方案基于电子机械制动 EMB、电子楔式制动 EWB 的技术平台，根据协调式回馈制动的技术要求对耦合制动系统进行设计与开发。

3. 按摩擦制动调节机构的布置方式划分

按摩擦制动调节机构在制动系统中的布置方式，协调式制动能量回收系统可分为：

1）与主缸集成的方案。该方案中，用于回馈控制的电磁阀组等执行机构集成在制动主缸中。

2）与液压单元集成的方案。该方案将液压调节机构与传统车辆用于稳定性控制的液压单元进行了集成化的设计。

3）分散式布置的方案。该方案中，压力调节机构未进行一体化的设计，而是分散地布置在了制动系统中。

电动汽车空调系统

电动汽车的能量供给方式与传统燃油汽车有很大的不同。在普通汽车中，空调、动力转向、水泵、油泵以及风扇都通过传动带直接从发动机传动部件获取动力，且发动机一直处于运转过程中。电动机没有怠速运转阶段，当电动汽车停车时电动机处于静止状态，因此需要单独配备电动机驱动压缩机；此外，由于电动汽车没有发动机的余热可以利用或者不能完全利用发动机的余热，因此在冬季取暖需采用热泵型空调系统或辅助加热器等。

8.1 空调系统的供热方式

对于纯电动汽车供热系统，由于缺少了发动机冷却液作为供热热源，所以使用电能作为能源，因此电动汽车的供热方式有多种技术方案。

1）电加热供热：在车内总成风道中布置 PTC 加热器，通过使用车载电源向车内供热。目前，这种加热方式应用最为广泛，其特点是加热迅速、安全可靠，加热效率在80%左右。

2）热电半导体供热：利用半导体材料组成 P-N 结，通过两端施加流向不同的直流电来进行制冷或者制热，目前多为实验研究阶段。其特点是体积小、可靠性好、效率高，但制造成本过高，其效率低于蒸汽压缩式制冷系统。

3）小型燃油加热器供热：使用小型的燃油加热器，利用燃油燃烧的热量向车内供热，目前用于混合动力电动汽车和大型客车。其特点是有独立的供热动力，不影响汽车运行，但使用燃油会对大气造成污染。

4）热泵系统供热：以逆卡诺循环为原理的蒸汽压缩循环，目前处于开发研究阶段。其特点是热泵系统较为复杂，需重新设计空调系统，在过低车外环境温度下不能正常运行，但其效率明显高于其他供热方式。

8.2 不同空调系统的构成与工作原理

8.2.1 电驱动热泵式空调系统

电驱动热泵式空调系统的工作原理如图 8-1 所示。压缩机由直流无刷电动机通过传动带驱动，系统的制热/制冷运行方式的转换由四通换向阀完成。与传统的燃油汽车空调系统相比，该系统在低温环境下的制热性能略差，但具有高效的制热效果。

8.2.2 电动压缩式制冷—电加热采暖空调系统

电动汽车空调系统没有可利用的发动机余热，其制热可通过 PTC 和电热管加热实现，制冷采用直流电动机驱动的蒸气压缩式制冷。此方案的缺点是加热模式对蓄电池的消耗较大，在寒冷气候条件下，PTC 加热器的使用可使电动汽车的续驶里程缩短 30%~65%，极大地影响电动汽车的续驶里程，增加电动汽车的生产成本。

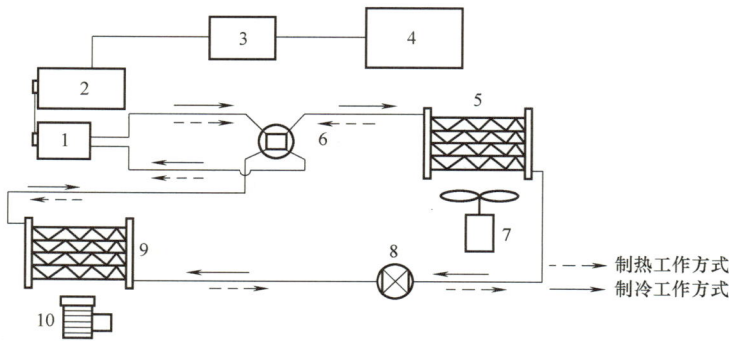

图 8-1　电驱动热泵式空调系统的工作原理

1—压缩机　2—驱动电机　3—逆变器　4—车室温度传感器

5—平行流换热器（车外单元）　6—四通换向阀　7—轴流风扇

8—膨胀阀　9—平行流换热器（车内单元）　10—离心风扇

电动空调压缩机与传统汽车的相比变化不大，仅是由发动机带动变为空调电动机驱动或一体式压缩机。PTC 加热器包括 PTC 空气加热器和 PTC 液体加热器两种。由于 PTC 液体加热器可布置在前机舱内，现有汽车的空调系统可直接沿用，在电动汽车采暖系统上应用更广泛。其中，日本三菱汽车公司（MMC）开发的"i-MIEV"电动汽车就采用了电驱动的压缩式制冷和 PTC 液体加热器制热的方案。该 PTC 液体加热器具有三维冷却剂流动通道，使冷却剂在 PTC 加热器中的热传导更有效。系统原理如图 8-2 所示。

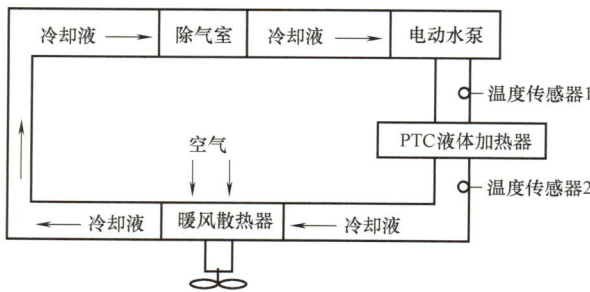

图 8-2　电动压缩式制冷—电加热采暖空调系统原理

8.2.3　余热空调及复合热泵空调系统

对于燃料电池汽车，燃料电池的发热量很大，由化学能转化的电能和热能大约各占 1/2，如果能有效地利用这部分余热，不但可以提高燃料电池本身的效率，还可用于驱动车上空调系统来达到车室内对温度、湿度的要求。利用燃料电池废热的吸收式制冷空调系统中，燃料电池热管理系统的主换热器与吸收式制冷系统的发生器直接相通，消除了二次换热引起的能量耗损。主换热器上部接有旁通支路，当燃料电池的热量大于所需值时，可由此支路经系统的辅助换热器排出。辅助换热器、吸收器、冷凝器由一套冷却系统通至车外的换热器冷却。

该系统具有节能环保、无振动、噪声小、操作简便等优点，但是其设备比常规压缩式制冷的设备体积大，系统本身存在机组密封和防腐蚀问题。由于燃料电池需要在较稳定的温度环境下工作，对燃料电池的热管理系统要求较高。

8.2.4　冷热联合储能式电动汽车空调系统

冷热联合储能式电动汽车空调系统可通过车载蓄能器储存一定的冷量或热量，满足汽车行驶时所需的空调负荷。按蓄冷方式的不同，可将其分为载冷剂循环式冰蓄冷和制冷剂直接蒸发式冰蓄冷；按融冰方式的不同，可将其分为外融冰式和内融冰式。采用冷热联合储能式空调系统，在相同动力性能下，节约成本约20%；在相同的成本下，提高整车续驶能力约30%。目前已经成熟应用的系统为电动压缩式制冷+电加热采暖空调系统。该系统对整车结构改变较小且操作容易，但是蓄电池的消耗较大。

冷热联合储能式电动汽车空调系统利用冰蓄冷和水蓄热技术达到储能目的，为电动汽车提供冷量和热量，提高了电动汽车续驶能力，但是增加的储能设备加大了汽车的自重。

8.3　电动压缩机的工作方式和特点

对于电动压缩机制冷空调系统，在纯电动汽车和燃料电池汽车上电动压缩机的驱动方式有两种：一是压缩机直接由主驱动电机通过传动带驱动，称为非独立式驱动；二是利用一个小功率电动机来驱动压缩机，直接从蓄电池组取电，可以同轴驱动，也可以由传动带驱动，称为独立式驱动。在混合动力平台车型上，还可以采用发动机和电动机混合驱动。

1. 非独立式全电动驱动方式

非独立式全电动驱动方式如图 8-3 所示，压缩机通过带轮由主驱动电机带动，结构相对简单，此时压缩机可以选择传统机械压缩机，排量以及功率的选择同机械式压缩机。压缩机运行工况通过电磁离合器的开闭来控制。另外，由于使用空调增加了电动机的热负荷，也增加了电动机散热系统的热负荷，必要时需要强化电动机的冷却能力。该方式下电动空调系统不能独立控制，并且对整车动力性影响较大，目前基本不采用该模式。

2. 独立式全电动驱动方式

独立式全电动空调系统是目前电动汽车上的主流配置，其驱动方式如图 8-4 所示，由电动机直接带动空调压缩机制冷，使空调压缩机可以在设定的理想的电动机恒定转速下运行，不受整车运行状况的影响。一般采用同轴驱动方案，该方式结构紧凑，可以适应更多汽车平台。当电动机驱动压缩机进行工作时，其能量传递路径为电源—控制器—电动机定子—电动机转子—涡旋动盘。

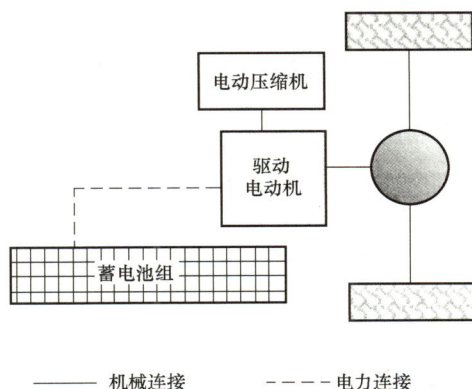

—— 机械连接　　- - - - 电力连接

图 8-3　非独立式全电动驱动方式

3. 混合驱动方式

对于混合动力车型，为保证车厢内的舒适性，在发动机模式、电动模式以及混合模式下均需要空调系统正常工作，可以选用全电动压缩机空调形式，也可以选用混合驱动压缩机空调形式。混合驱动方式如图 8-5 所示。

对于采用发动机与电动机混合驱动的压缩机，根据汽车行驶工况在发动机驱动模式和电动机驱动模式之间切换。在发动机模式下，压缩机由发动机通过传动带驱动。在发动机停止工作时，切换到电驱动模式，由动力蓄电池组提供能量。混合驱动模式解决了发动机停止工作时空调压缩机无动力来源，以及电动空调系统能量转换损耗大影响电动机、蓄电池使用寿命的问题，也避免了在怠速工况下燃油经济性和排放性不佳的状况，减少了油耗和对环境的压力。

电动压缩机驱动方式对比见表8-1。

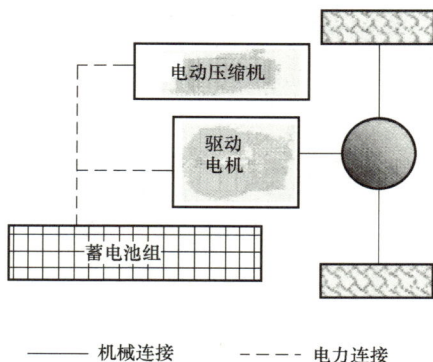

图 8-4 独立式全电动驱动方式

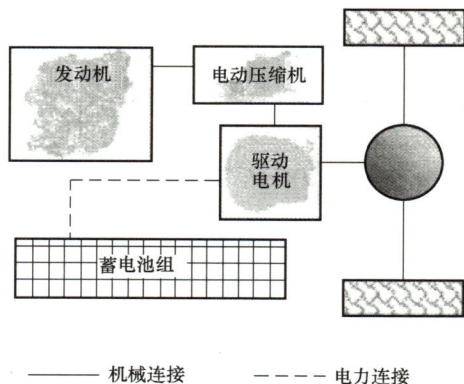

图 8-5 混合驱动方式

表 8-1 电动压缩机驱动方式对比

对比项	驱动方式		
	非独立式全电动驱动方式	独立式全电动驱动方式	混合驱动方式
驱动能源	电能	电能	电能及机械能
传动效率	低	低	中等
安装布置	复杂	简单	简单
可靠性	中等	高	高
压缩机结构	简单	中等	中等
成本	中等	中等	高

8.4 电动空调系统的优点

相比传统空调系统，电动空调系统在环境保护、前机舱结构布置以及车厢舒适性等各项指标上均处于优势，其主要优点包括：

1）电动压缩机空调系统可以采用全封闭的 HFC134a（目前主要汽车空调用制冷剂）系统及制冷剂回收技术，整体的高度密封性可以减小正常运行以及修理、维护时制冷剂的泄漏损失，从而减少了对环境的污染。

2）电动空调的压缩机靠电动机驱动，因此可以通过精确的控制以及在常见热负荷工况下的高效率运行来降低空调系统的能耗，从而提高整车的经济性。

3）采用电驱动，噪声较小、可靠性高、使用寿命长、故障率低。

4）对于一体式电动压缩机，取消了发动机与压缩机之间的传动带，没有了张紧件的质量，相对于传统结构减小了整车质量。

5）可以在上车之前预先遥控起动电动空调，对车厢内的空气进行预先调节，相比传统空调可增加乘员的舒适性。

単元 9

电动汽车转向系统

在汽车的发展历程中，转向系统经历了 5 个发展阶段：从最初的机械式转向系统（MS）发展为液压助力转向系统（HPS），再到电控液压助力转向系统（EHPS）、电动助力转向系统（EPS）。随着电控技术的不断发展，近些年出现了线控转向系统（SBW）。

9.1 电动助力转向系统

电动助力转向系统使用电动机来辅助驾驶人控制车辆。传感器检测转向管柱的位置和转矩，然后计算机发出辅助转矩信号给电动机使之提供辅助动作。电动机的安装位置可根据车型的大小、质量、驾驶条件和辅助需求进行选择，一般连接在转向器或转向管柱上。图 9-1 所示为转向管柱助力式电动助力转向系统，图 9-2 所示为转向器助力式电动助力转向系统。

1. 电动助力转向系统的工作原理

当驾驶人操纵转向盘时，装在转向柱上的转矩传感器不断地测量转矩、转角信号，该信号与车速信号同时输入到电控单元（ECU），经过 ECU 计算处理后控制电动机输出相应大小和方向的转矩，电动机的主力转矩通过减速器减速、增矩后加到转向系统中，以实现汽车助力转向。

管柱助力式 EPS（图 9-3a）将助力电动机安装在管柱上，通过减速、增矩机构与转向轴相连，直接驱动转向轴助力转向。这样的系统结构简单紧凑、易于安装，但由于助力电动机安装在驾驶舱内，受到空间布置和噪声的影响，电动机的体积较小，输出转矩不大，一般只用在小型及紧凑型车辆上。

图 9-1　管柱助力式电动助力转向系统

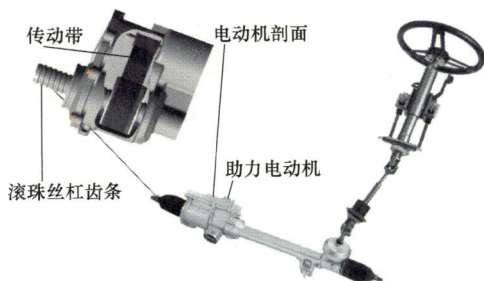

传动带　　电动机剖面

滚珠丝杠齿条　　助力电动机

图 9-2　转向器助力式电动助力转向系统

小齿轮助力式 EPS（图 9-3b）将助力电动机和减速、增矩机构与小齿轮相连，直接驱动齿轮实现助力转向。由于助力电动机不是安装在驾驶舱内，因此可以使用较大的电动机以获得较高的助力转矩，而不必担心电动机转动惯量太大产生的噪声。

双小齿轮助力式 EPS 由于增加了一对齿轮齿条而能提供比小齿轮助力式更大的助力，但是成本略高。

齿条助力式 EPS（图 9-3c）中由助力电动机和减速、增矩机构直接驱动齿条提供助力，因此能提供更大的助力，但整套系统结构复杂、成本较高，所以适用于豪华汽车和商务汽车。

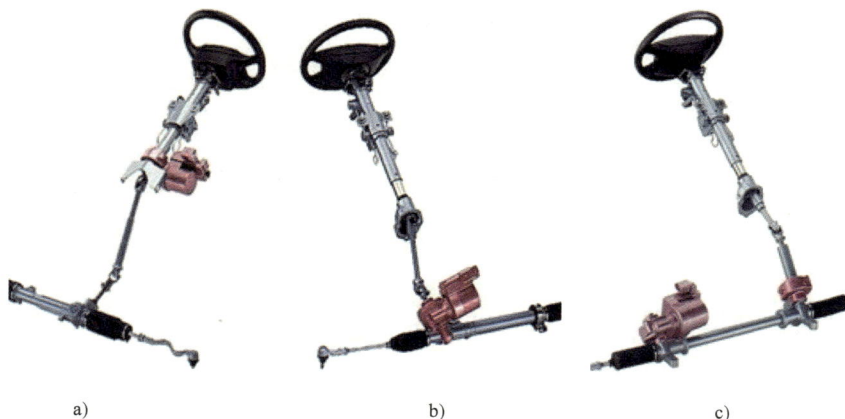

图 9-3　电动助力转向系统
a）管柱助力式　b）小齿轮助力式　c）齿条助力式

电动助力转向保留了转向盘与转向机之间的机械联动机制。在组件故障或断电而导致未能提供助力的情况下，机械联动作为后备机制提供紧急转向功能。当 EPS 的助力机制失效时，需要驾驶人施加很大的力量来转向。

2. 电动助力转向的功能

（1）助力控制　在汽车停车及低速行驶时，提供较大辅助力矩，使转向快捷轻便；在汽车高速行驶时，提供较小的辅助力矩以保持转向过程的可靠与沉稳。

（2）阻尼控制　利用电动机感应电动势来减弱汽车高速行驶时出现的转向盘抖动现象，目的是提高汽车高速直线行驶稳定性和快速转向收敛性。

（3）回正控制　驾驶人松开转向盘后，随着作用在转向盘上的力减小，转向盘将在回正力矩的作用下回正。需要防止两种情况：回正力矩过大时，引起转向盘位置超调；回正力矩过小时，转向盘不能回到中间位置。

（4）系统通信功能　通过 CAN/LIN 总线与其他汽车控制系统进行通信，实现更加复杂的功能。

（5）系统故障诊断功能　能实时监控整个系统，具有故障报警和提示功能，在故障不能自动排除时，关断 EPS 使车辆进入传统的机械转向模式。为了实现上述功能，软硬件的选择非常重要。一般来讲，常用的 EPS 助力电动机分为直流有刷电动机（DC）和直流无刷电动机（BLDC）两种。

3. 电动助力转向的优点

（1）降低了燃油消耗　液压动力转向系统需要发动机带动液压油泵，使液压油不停地流动，浪费了部分能量；电动助力转向系统仅在需要转向操作时才由电动机提供能量。装有电动助力转向系统的车辆和装有液压助力转向系统的车辆对比实验表明，在不转向情况下，装有电动助力转向系统的车辆燃油消耗降低 2.5%，在使用转向情况下，燃油消耗降低 5.5%。

（2）增强转向跟随性　在电动助力转向系统中，助力电动机与助力机构直接相连可以使其能量直接用于车轮的转向，没有液压助力系统的转向迟滞效应，增强了转向车轮对转向盘的跟随性能。

（3）改善转向回正特性和操纵稳定性　当驾驶人使转向盘转动一个角度后松开时，电动助力转向系统能够自动调整使车轮回正。该系统还可以在最大限度内调整设计参数以获得最佳的回正特性，良好的回正特性可使车辆在高速行驶过程中具有更高的稳定性，驾驶人有更舒适的感觉。

（4）提供可变的转向助力　电动助力转向系统的转向力来自于电动机。通过软件编程和硬件控制，可得到覆盖整个车速的可变转向力。可变转向力的大小取决于转向力矩和车速。无论是停车、低速或高速行驶时，都能提供可靠的和可控的转向感觉，而且更易于车辆操作。

（5）绿色能源无污染　电动助力转向系统使用电力作为能源，不存在液压助力转向系统中液态油的泄漏问题，且系统不使用液压油、软管、油泵和密封件，避免了污染。液压转向系统油管使用的聚合物不能回收，易对环境造成污染。

（6）系统结构简单，占用空间小　电动助力转向系统具有良好的模块化设计，不需要对不同的系统重新进行设计、试验、加工等，节省了费用，也为设计不同的系统提供了极大的灵活性，而且更易于生产线装配。系统的控制模块可以和齿轮齿条设计在一起或单独设计，省去了装于发动机上的带轮和油泵，提高了发动机系统的空间利用率。此外，装有电动助力转向系统的汽车没有油泵、没有软管连接，使得后期维护费用大幅降低。

9.2　线控主动转向系统

1. 系统原理

线控主动转向系统（SBW）的构成与传统转向系统结构类似，不同之处是多了 3 组电控单元（ECU）、转向盘后的转向动作回馈器和离合器，如图 9-4 所示。

线控主动转向系统在工作时，转向盘和转向轮之间没有机械连接，车轮转向的速度和角度均由 ECU 根据实际路况和驾驶人的转向意图计算得到，而且由于 SBW 最终是由 ECU 控制的，因此转向比、转向反应速度和转向盘转向力都是可调的，可以在个性化模式下进行设定。例如，转向力反馈的变化，通过模拟器传递给转向盘的力度可以在轻、标准和较重之间转换，运动模式下默认是较重的力度；车身对于转向盘转动的反应速度有快速、标准、慢速 3 种不同的调节选项，最直观的就是在

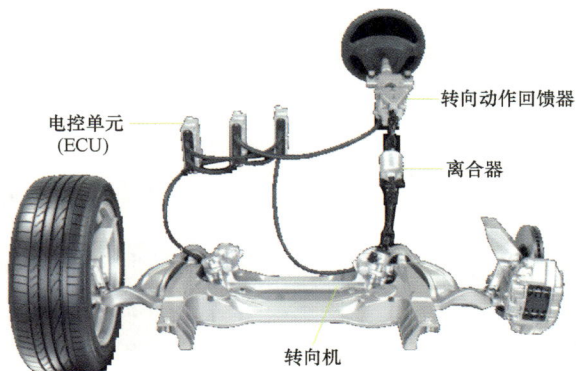

图 9-4　线控主动转向系统结构

快速/运动模式下的车辆，只需要转动转向盘 90° 多一点，不用双手离开转向盘交替转动转向盘即可完成调头动作。

2. 系统特点

线控转向系统中，整体信号控制均以电信号进行传输，大幅提高了转向系统的反应速度。

线控转向系统提高了车辆的驾驶舒适性，由于转向盘不会因路面的剧烈变化而产生过度振动，驾驶人能更平稳地把控转向盘。此外，控制模块在收集到路面情况以及车辆跳动信息后，将会用电子信号发送指令给转向回馈动作器，随后转向回馈动作器会模拟出当下车辆行驶时所处的环境所需回馈力度。

线控转向系统可以与车辆的中央控制技术协同工作，为驾驶人提供不同预设驾驶模式以及自定义驾驶模式功能，依照个人的驾驶习惯以及路面情况改变车辆转向系统的反应。基于车速、牵引力控制以及其他相关参数基础的转向比率（转向盘转角和车轮转角的比值）不断变化，低速行驶时，转向比率低，可以减少转弯或停车时转向盘转动的角度；高速行驶时，转向比率变大，可获得更好的直线行驶条件。

此外，线控转向系统可以和其他控制系统配合，起到主动安全作用。例如，作为车道偏离修正系统的一部分，主动车道控制技术通过车身外部的摄像头采集车辆和两侧车道线之间的距离，当车道监视摄像头判断行驶轨迹将会偏离出车道时，系统将联动对车轮转角进行细微的调整，确保车辆行驶在车道内。智能化的控制系统可以根据汽车的行驶状态判断驾驶人的操作是否合理并做出相应的调整；当汽车处于极限工况时，能够自动对汽车进行稳定控制。

3. 安全控制

为了保证车辆能够安全行驶，线控转向系统在开发过程中均开展了失效模式分析并设定了相应的解决方案。系统将进行控制的电控单元设置成 3 组，互相起到备用功能，备份系统会在主系统出现故障时自动开启并替换工作。当各组系统均发生故障时，转向柱与转向机间的机械离合器立即结合，形成与传统转向系统相同的结构，从而保证驾驶安全。

电动汽车充电系统及氢气加注系统

10.1　充电基础设施的主要充电模式

目前充电基础设施的充电模式主要分为交流充电（慢充）、直流充电（快充）和蓄电池换电 3 种，其模式对比见表 10-1。

表 10-1　充电基础设施主要充电模式对比

充电技术	交流充电	直流充电	蓄电池换电
充电设施	充电桩	充电站	换电站
服务类型	小范围分散式服务	大范围集中式服务	大范围集中式服务
适宜建设场所	停车场、住宅区	交通流密集区、高速公路沿线	城市中心区、高速公路
充电功率	3.3 ~ 7kW	30 ~ 300kW	—
充电时间	5 ~ 10h	10 ~ 60min	5 ~ 10min
目标用户	乘用车（私家车、单位及集团车辆、出租车）	公交车、出租车及私家车	公交车、出租车及私家车、专用车
建设成本	较低，单个充电桩 3000 ~ 20000 元，土地需求小	较高，单个充电站成本 300 万 ~ 500 万元（不包含地价）	高，单个换电站 20000 万元（不包含地价）
充电及运行成本	较低，住宅区可实现谷电充电，管理和维护难度大	较高，难以利用谷电充电，较利于管理维护	较低，可实现谷电充电；降低购车成本，便于蓄电池统一管理、养护和回收

10.2　充电基础设施的主要接口标准

1. 国际充电基础设施接口标准

目前国际上充电基础设施接口主要有以下 5 种（图 10-1）：

（1）CHAdeMO 快充插座　CHAdeMO 是日本日产及三菱汽车等支持的 CHAdeMO 插座。这种直流快充插座可以提供最大 50kW 的充电容量。

（2）Combo 插座　Combo 插座可以允许电动汽车慢充和快充，是目前在欧美应用最广的插座类型，包括 Audi、BMW、Chrysler、Daimler、Ford、GM、Porsche 以及 Volkswagen 都配置 SAE 所制定的充电界面。此类插座可以和 Mennekes 类型兼容。SAE 的这套标准来自很多家大汽车制造商，它们的目标是使这套快充装置的充电时间能够与加油时间不相上下，即在直流电下可以 10min 内完成充电，这就需要充电站可以提供电压 500V、最高到 200A 的电流。

（3）Tesla 插座　特斯拉公司的插座号称能在 30min 内充满可跑超过 300km 的电量，其充电插座最高容量可达 120kW，最高电流可达 80A。

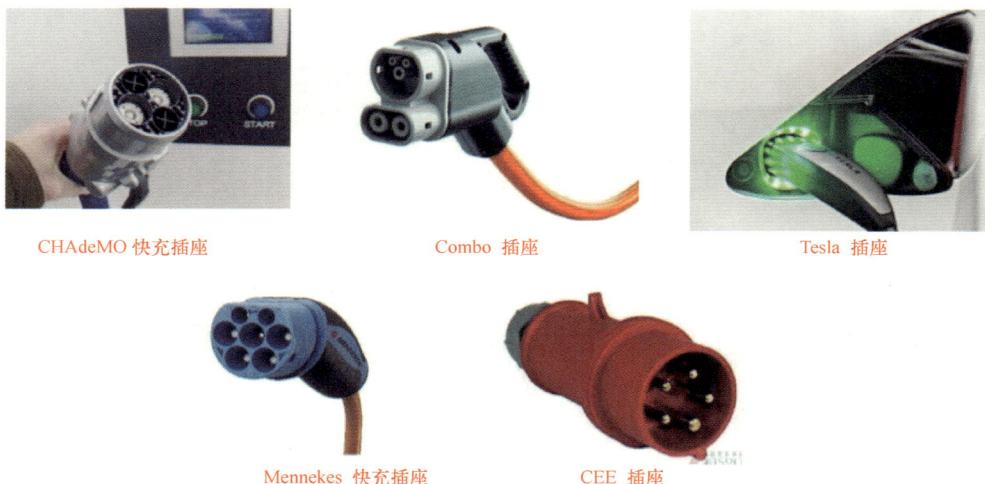

CHAdeMO 快充插座　　　　Combo 插座　　　　Tesla 插座

Mennekes 快充插座　　　　CEE 插座

图 10-1　国际充电基础设施插座标准

（4）Mennekes 快充插座　这是一种交流快充标准插座，也是欧盟标准体系下最信赖的第二种充电类型插座，几乎可以在所有的欧洲国家找到这种类型的充电站。这种三相交流电的充电方案最高可以支持 44kW 的容量，是由德国 Mennekes 公司推出并且命名的。

（5）CEE 插座　CEE 插座是联合充电系统（CCS）插座，几乎是应用得最广泛的电气插座，由欧美汽车公司主导推出。参加制定这一标准的汽车品牌包括大众、奥迪、宝马、戴姆勒、通用、福特、克莱斯勒和保时捷，家庭和户外充电桩都可以使用此类 12kW 作用的、可以提供最大 32A 的交流充电插座作为慢充方式。

我国于 2015 年 12 月 28 日颁布了电动汽车充电接口标准，标准于 2016 年 1 月 1 日起正式执行，包括交流充电接口和直流充电接口两个标准。

2. 我国充电接口要求

1）《GB/T 20234.3 电动汽车传导充电用连接装置　第 3 部分：直流充电接口》规定了直流充电接口的基本要求。直流充电枪如图 10-2 所示。

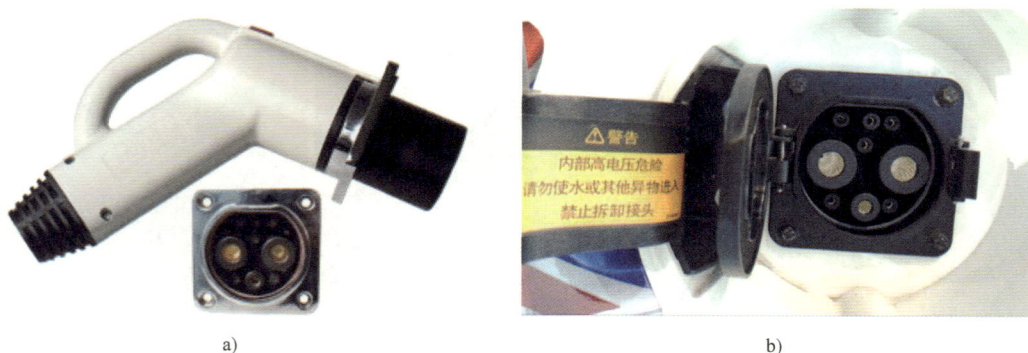

a)　　　　　　　　　　　　　　b)

图 10-2　直流充电枪及车端口

a）充电枪　b）车端口

直流充电接口包含 DC 接头、CC1/2 等 9 对触头，接口布置如图 10-3 所示，其触头电气参数功能定义见表 10-2。

表 10-2　直流充电接口触头电气参数及功能定义

触头编号/标识	额定电压和额定电流	功能定义
1-(DC+)	750V 125A/250A	直流电源正,连接直流电源正与蓄电池正极
2-(DC-)	750V 125A/250A	直流电源负,连接直流电源负与蓄电池负极
3-(GND)	—	保护接地(PE),连接供电设备地线和车辆电平台
4-(S+)	30V 2A	充电通信 CAN—H,连接充电机与电动汽车的通信线
5-(S-)	30V 2A	充电通信 CAN—L,连接充电机与电动汽车的通信线
6-(CC1)	30V 2A	充电连接确认 1
7-(CC2)	30V 2A	充电连接确认 2
8-(A+)	30V 20A	低压辅助电源正,连接充电机为电动汽车提供的低压辅助电源
9-(A-)	30V 20A	低压辅助电源负,连接充电机为电动汽车提供的低压辅助电源

在充电连接操作过程中,首先接通保护接地触头,最后接通充电通信与供电端连接确认触头,顺序依次为:保护接地,直流电源正极和负极、车辆端连接确认,低压辅助电源正极和负极,充电通信与供电端连接确认;在脱开的过程中则刚好相反,首先脱开充电通信与供电端连接确认触头,最后脱开保护接地触头。

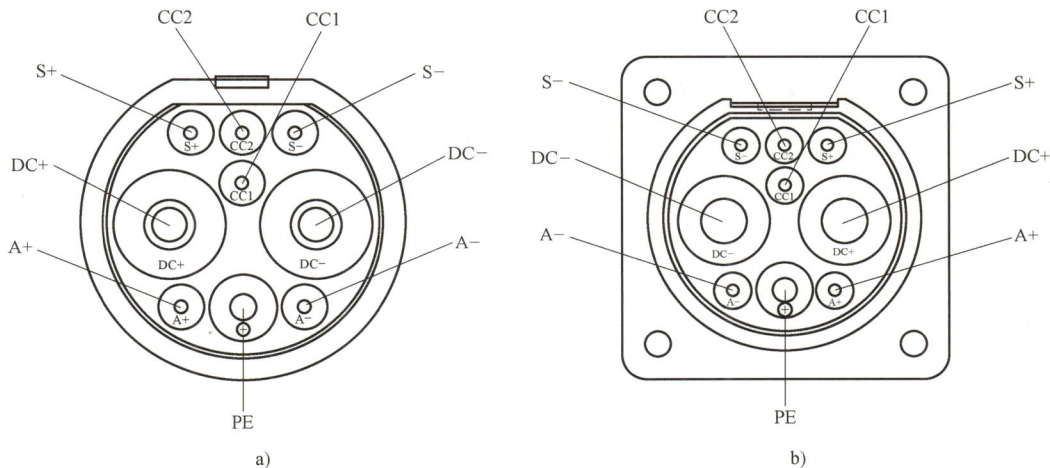

图 10-3　直流充电接口布置图

a)充电枪供电端触头布置图　b)车辆端充电插座触头布置图

2)《GB/T 20234.2 电动汽车传导充电用连接装置　第 2 部分:交流充电接口》标准规定了交流充电接口的基本要求及相关事宜。

交流充电接口的额定电压和电流分别为 250V、16A 和 440V、32A。交流充电接口布置如图 10-4 所示。

交流充电接口包含 7 对触头,其触头电气参数和功能定义见表 10-3。

在充电连接操作过程中,首先接通保护接地触头,最后接通控制确认和充电连接确认触头;在脱开的过程中则刚好相反,首先脱开控制确认和充电连接确认触头,最后脱开保护接地触头。

直流充电接口

交流充电接口

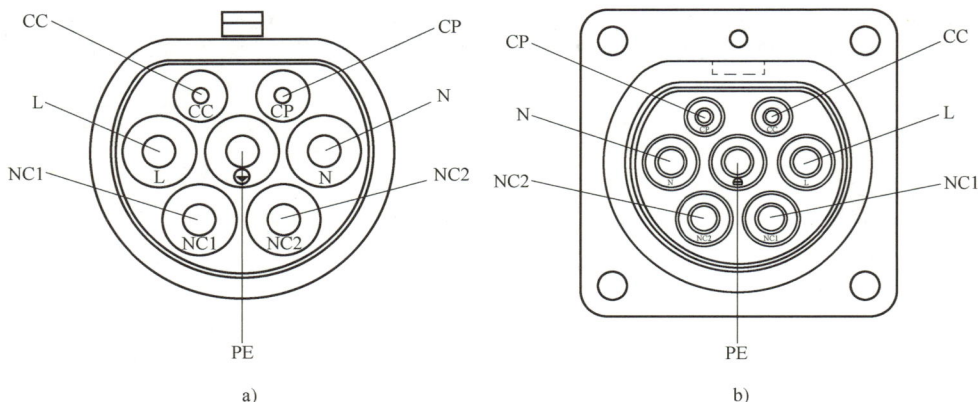

a)

b)

图 10-4　交流充电接口布置图

a）充电枪供电端触头布置图　b）车辆充电插座触头布置图

表 10-3　交流充电接口触头电气参数及功能定义

触头编号/标识	额定电压和额定电流	功能定义
1-（L）	250V/440V 16A/32A	交流电源
2-（NC1）	—	备用触头
3-（NC2）	—	备用触头
4-（N）	250V/440V 16A/32A	中线
5-（GND）	—	保护接地（PE），连接供电设备地线和车辆电平台
6-（CC）	30V 2A	充电连接确认
7-（CP）	30V 2A	控制确认

10.3　电动汽车交、直流充电系统

充电系统

10.3.1　直流充电系统

电动汽车直流充电系统采用 380V 三相交流电进线，经直流充电桩内部的 AC/DC 转换后输出直流电，通过充电线缆经快速充电口对动力蓄电池直接进行充电。直流快速充电系统的充电功率为 30~300kW，依据不同车型的蓄电池参数和电压平台输出不同的功率。随着高性能动力蓄电池技术的不断升级，直流充电机的功率随之增大。

直流充电系统可在短时间内完成动力蓄电池的能量补充，实现 1~5C（倍率，充电容量/蓄电池容量＝充电倍率）充电（即 1~0.2h 能完成动力蓄电池总能量 80% 以上的电能补充）。但由于充电电流较大，直流充电模式对动力蓄电池的性能及使用寿命影响较大，因此通常情况下直流充电只作为能量补充的应急手段。随着动力蓄电池技术及蓄电池管理技术的不断提高，直流充电对动力蓄电池的影响逐步降低。特别是随着纯电动汽车续驶里程的增加，动力蓄电池容量不断增大，交流充电桩的充电时间不断延长，大部分纯电动汽车均配备了直流充电接口。直流充电的基本操作包括取枪、插接充电线、充电桩通信、刷卡并确认充电量、启动充电、充电完成、刷卡结算、拔枪归位等步骤。

直流充电过程中，直流充电机与电动汽车蓄电池管理系统（BMS）直接通信。当通信连接确认正确（充电握手）后，BMS 与直流充电机就电压、电流等参数信息进行交互，BMS 将动力蓄电池的充电需求告知直流充电机，直流充电机将其供电能力告知 BMS，当两者通信正常且均符合充电要求时，直流充电机起动并输出电能对动力蓄电池进行充电。当动力蓄电池充满电后，BMS 通过数据端口告知直流充电机，直流充电机立即停止输出并进行电量统计和计费，整个充电过程完成。直流充电大致分成以下几个阶段：低压辅助上电、充电握手阶段、充电参数配置阶段、充电阶段、充电结束阶段。

（1）充电握手阶段　充电握手阶段分为握手启动阶段和握手识别阶段。当充电机充电枪和快充插座物理连接完成并通电后，开启低压辅助电源，进入握手启动阶段，再进行绝缘检测。在绝缘检测结束后进入握手辨别阶段，确定动力蓄电池和充电机的必要信息，主要包含充电机型号、车辆识别号以及动力蓄电池型号等。

（2）充电参数配置阶段　充电握手阶段完成后，充电机和 BMS 进入充电参数配置阶段。在此阶段，充电机向 BMS 发送充电机最大输出能力的报文，BMS 根据充电机最大输出能力判断是否能够进行充电。

（3）充电阶段　充电配置阶段完成后，充电机和 BMS 进入充电阶段。在整个充电阶段，BMS 实时向充电机发送动力蓄电池充电需求，充电机根据动力蓄电池充电需求来调整充电电压和充电电流以保证充电过程正常进行。在充电过程中，充电机和 BMS 相互发送各自的充电状态。此外，BMS 根据要求向充电机发送动力蓄电池具体状态信息及电压、温度等信息。BMS 根据充电过程是否正常、动力蓄电池状态是否达到 BMS 自身设定的充电结束条件以及是否收到充电机中止充电报文来判断是否结束充电。充电机根据是否收到停止充电指令、充电过程是否正常、是否达到设定的充电参数值或者是否收到 BMS 中止充电报文来判断是否结束充电。

（4）充电结束阶段　当确认停止充电后，双方进入充电结束阶段。在此阶段，BMS 向充电机发送整个充电过程中的充电统计数据（包括初始和终了时的动力蓄电池 SOC、动力蓄电池最低电压和最高电压），充电机收到 BMS 的充电统计数据后，向 BMS 发送整个充电过程中的输出电量、累计充电时间等信息，最后停止低压辅助电源的输出。

10.3.2　交流充电系统

交流充电系统采用来自电网的 220V AC 交流电，包括交流充电桩或一体化线缆充电控制盒、充电线缆以及车端交流充电接口和车载充电机。交流充电桩经过一定稳压限流后给车载充电机供电，车载充电机经 AC/DC 整流稳压后对动力蓄电池进行充电。

由于车载充电机的功率一般为 3~6kW，因此交流充电功率一般约为 7kW。除了使用交流充电桩为车辆进行交流充电外，还可通过线缆安装转接头，直接利用市电 220V AC 16A 插座为车辆充电。

在交流充电操作时，首先将充电枪的车辆端接入汽车交流充电口，将充电桩端接入交流充电桩接口，或将插头接入市电插座。待各部件自检完成后，即可合闸或打开开关进行交流充电。交流充电与直流充电的整体操作流程基本一致。

充电过程中，蓄电池管理系统将动力蓄电池组的充电电压、充电电流等充电需求状态告知充电机，充电机根据动力蓄电池的充电需求，依据设定的策略输出电压电流值，对动力蓄电池进行充电。在交流充电中，交流充电桩或充电线缆控制盒（车载充电宝）的主要作用为：为车载充电机提供 220V 交流电输入；当充电枪与交流充电接口断开时，切断控制盒/充电桩至充电枪的电路；显示充电状态并计费。交流充电桩或线缆控制盒通过联网记账，智能 IC 卡虚拟计费实现结算。

10.4　电动汽车充电过程

　　动力蓄电池的充电过程对其性能及使用寿命有一定影响，合理的充电方式对保护动力蓄电池意义重大。按照动力蓄电池的最佳曲线充电会大大降低动力蓄电池的充电时间，并且会减小对动力蓄电池造成的危害以及对动力蓄电池的使用寿命及容量的影响。目前动力蓄电池的充电方法有恒流充电法、恒压充电法和两阶段充电法 3 种，如图 10-5 所示。其中，图 10-5a 为动力蓄电池理论最佳充电曲线，可以保障动力蓄电池的最佳状态和使用寿命，因此在实际应用中以此为理论标准进行相应充电策略和方式的界定。

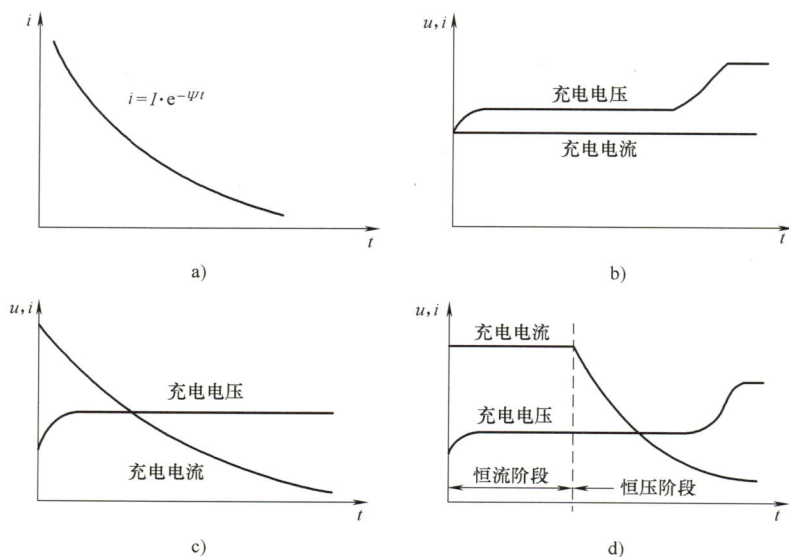

a) 中曲线标注：$i = I \cdot e^{-\psi t}$

b) 曲线标注：充电电压、充电电流

c) 曲线标注：充电电压、充电电流

d) 曲线标注：充电电流、充电电压、恒流阶段、恒压阶段

图 10-5　动力蓄电池交流充电方式

a) 动力蓄电池最佳充电曲线　b) 恒流充电曲线　c) 恒压充电曲线　d) 两阶段充电曲线

　　（1）恒流充电法　恒流充电即在整个充电过程中电流保持恒定不变。在充电的过程中，由于动力蓄电池内阻的增加，它两端的蓄电压会慢慢增加，当达到动力蓄电池的额定电压时就认为其已充满，完成充电过程。恒流充电法的充电曲线如图 10-5b 所示。其特点是控制比较简单，但是在充电的整个过程中，动力蓄电池接受电流的能力呈下降的趋势，因此使用后期会不利于动力蓄电池的长期维护。

　　（2）恒压充电法　恒压充电即在充电过程中电压保持不变，电流逐渐减小，当减小到接近 0 的设定值时认为动力蓄电池已充满，其充电曲线如图 10-5c 所示。恒压充电法控制比较简单，由于其充电曲线和最佳充电曲线（图 10-5a）接近，因此有利于动力蓄电池的维护和使用寿命的延长。但是由于充电开始时动力蓄电池内阻较小，因此充电电流很大，会造成动力蓄电池一定程度的受损。

　　（3）两阶段充电法　两阶段充电法综合了恒压充电法和恒流充电法，在充电开始时，采用恒流限压充电模式，当电压达到一定值时，改为恒压限流充电模式，其充电曲线如图 10-5d 所示。两阶段充电法具有恒压充电法和恒流充电法的共同优点，先恒流充电避免了单恒压充时电流过大的缺点，后恒压充电避免了单恒流充电后期动力蓄电池接受力不足的问题，同时可以最大限度地减小动力蓄电池的充电时间。

10.5　氢气的加注方式

加氢站的分类方式主要有 3 种：按照氢气的来源不同，加氢站可分为站内制氢加氢站和站外制氢加氢站（外供氢加氢站），目前全球各地的加氢站主要为外供氢加氢站；按照氢气储存地点可分为固定式加氢站和移动式加氢站；按照氢气的储存状态可分为液氢加氢站、高压气氢加氢站和有机液态储氢加氢站。无论哪种加氢站，基本都包括卸气柱、压缩机、储氢罐、加氢机、管道、控制系统、氮气吹扫装置、放散装置和安全监控装置等。

（1）卸气柱　卸气柱的功用是对接管束车，将氢气引入压缩机。

（2）压缩机　一般到加氢站的氢气气压约为 20MPa，但是车载加氢一般需要加注 35MPa 或 70MPa，压缩机会将氢源加压注入储气系统。目前加氢站使用的压缩机主要为隔膜式压缩机。

（3）储氢罐　储氢罐是加氢站的核心设备之一，在很大程度上决定了加氢站的氢气供给能力。加氢站通常采用串级高压储氢系统，该系统由多个高压储气罐组成，这些储氢罐的储气压力分为两到三个不同压力等级。

（4）加氢机　加氢机是实现氢气加注的设备。加氢机上装有压力传感器、温度传感器、计量装置、取气优先控制装置和安全装置。

图 10-6 所示为氢气长管拖车供氢加氢站的工艺流程。

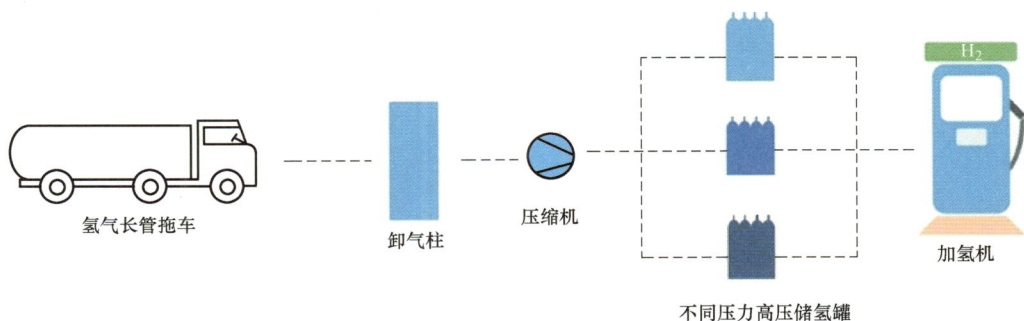

氢气长管拖车　　卸气柱　　压缩机　　不同压力高压储氢罐　　加氢机

图 10-6　氢气长管拖车供氢加氢站的工艺流程

10.6　加氢口的接口标准

加氢口与加氢机的加气枪相连，具有单向阀的功能，其功能必须满足 GB/T 26779—2021《燃料电池电动汽车加氢口》中的要求。加氢口的型号由四部分组成，分别为"加氢口"汉语拼音缩写、公称工作压力等级、加氢口与加氢枪的配合基本尺寸以及改型序号，如图 10-7 所示。

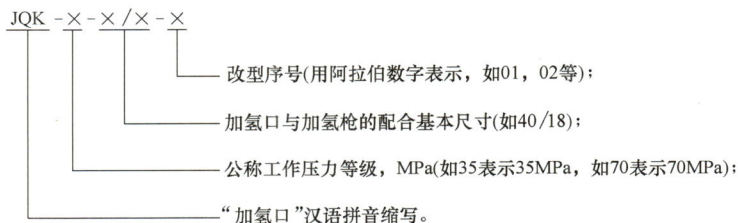

JQK -×-×/×-×

— 改型序号（用阿拉伯数字表示，如01，02等）；

— 加氢口与加氢枪的配合基本尺寸（如40/18）；

— 公称工作压力等级，MPa（如35表示35MPa，如70表示70MPa）；

— "加氢口"汉语拼音缩写。

图 10-7　加氢口的型号

从结构上加注口分为 TN1 和 TN5 两种，一般 TN1 用于乘用车（氢气储存容量小的车辆），TN5 用于商用车（氢气储存量大的车辆），主要区别在于流通通径的大小，TN1 的流通通径为 $\Phi12$，TN5 的流通通径为 $\Phi18$，目前国标公布的 TN1 加氢口有 2 款，对应的公称压力为 35MPa 和 70MPa；TN5 加氢口有 1 款，公称压力为 35MPa。

除了外形结构要求以外，加氢口设计和使用应满足以下条件：

1）工作环境温度应为 $-40 \sim 85$℃。

2）应能够承受来自任意方向的 670N 的载荷，不应该影响到氢系统的气密性。

3）应有防止水和灰尘进入接口并能防止接口损伤的防尘盖，应有防止防尘盖丢失的装置。

4）应有接地连接装置，除非车辆上有其他能消除静电的措施。

5）应有防止压力超过标称压力的压缩氢气通过加氢口的功能。

6）与氢接触的材料应与氢兼容，在设计的使用寿命年限内，不会发生氢脆现象。

7）应进行相关认证试验，包括一般要求、气密性、耐温性、耐振性、耐异常压力、耐久性、液静压强度、相容性、耐氧老化性等试验。

单元 11

智能网联系统

智能驾驶与车联网是智能网联汽车的关键组成，在两部分高度融合后，依托高速通信网络技术对车辆的驱动、制动、转向等功能进行控制，不仅能够实现人、车、路及云平台的信息交换和共享，还可以最终替代驾驶人，实现安全、舒适、节能、高效的智能驾驶。

11.1　车联网系统

车联网系统指通过车载终端设备能够实现车辆与外界连通，将车端和外界的信息进行采集、存储和交互的一系列设备。一般情况下车联网系统都具备实时采集、传输功能，可通过移动网络实现交互。车联网系统一般分为三大部分：车载终端、云端平台和数据分析单元。在车辆运行过程中，车辆相关数据被按时发给云端平台由其进行分析处理，同时后台向车载终端发送相关数据来优化调整车辆的状态。

车联网系统中的车载终端收取车辆的位置、朝向和速度、加速度等行驶和车辆状态信息，还可以通过传感器感知外界环境的信息，包括温度、湿度、光度、距离等。相关信息通过中控和仪表台告知驾驶人，同时存储在车载单元并通过无线网络发送给云端平台及周围信息接收端。每辆汽车都有自身的标识，以便于外界环境对于该车的识别。车载终端与云端平台实现互联互通，云端平台一方面接收车辆信息，同时结合车辆标识对车辆可能出现的问题进行预警，避免车辆出现重大故障。例如，云端平台通过对被监测车辆的蓄电池单体电压、温度等信息进行分析，可以将有可能出现的蓄电池过充、单体蓄电池温度异常以及电压异常等情况及时反馈给车载终端及驾驶人。

车联网不仅可以实现车辆与外界的连通，还是智慧交通的组成部分之一。智慧交通中的标志、标线等道路设施中会安装相应的发射和接收装置，用于整体交通参与者的信息交互。特别在交叉路口、事故易发路段等交通压力较大区域，通过采集特定区域的信息给出不同的道路状况及路径规划建议，实现与自动驾驶系统的融合。

随着车联网技术的不断普及，云端平台及数据处理平台对于大数据的分析和处理成为后期优化提升的关键。此外，车联网系统涵盖了大量的数据传输节点、数据流和过程数据等，因此需要进行统一的标准和安全体系整合，以保证整体数据的有效和完成，为后期智慧交通和自动驾驶的整体实现奠定基础。

随着整车智能化程度的不断提高，车端的相关操作和控制系统需要随着整车使用状况等要求进行升级和优化，空中下载（OTA）技术应运而生。OTA 不仅是简单的用户交互界面和功能更新，它是基于整车电气架构的集成化更新迭代，可以满足整车驾驶安全、自动驾驶以及零部件控制策略等多个方面的改善和优化。OTA 技术的普及更便于整车功能的完善，对于一些控制软件和程序等问题只需通过在线 OTA 升级更新即可，缩短了用户因为线下固定场所升级而带来的麻烦。同时，OTA 可以根据客户要求给其带来更多的自主和个性化体验，而这也将成为整车厂的一个盈利方式。目前国内外很多车型都已具备 OTA 功能，特斯拉、蔚来、极狐等品牌车辆已完成了多次在线升级来满足消费者的使用需求并提升整车性能。

11.2 智能驾驶系统

智能驾驶系统包括自动驾驶和辅助驾驶两部分，它依靠各种传感器所反馈的感知信号，经过中央控制器进行整合、分析、计算，最终通过数据传输电路将电信号传输到各个执行机构实现车辆的运行。智能驾驶系统包括感知层、决策规划层和控制执行层 3 个层面的部件。

11.2.1 基于多传感器的环境感知

为了能够更好地感知到周围人、车、路等环境状况，便于智能驾驶系统了解所处的交通系统，常通过各类传感器了解周围环境状况并准确反馈给驾驶人或智能驾驶控制器，以便其了解车辆所处区域的周围道路及人、车等障碍物的位置关系，并进行精确的分析计算和决策。对周围环境信息的感知是自动驾驶的实现基础，所涉及的传感器主要有毫米波雷达、激光雷达、超声波雷达、摄像头等。

毫米波雷达利用无线电波完成物体的探测和定位，可以准确地获取物体的位置、速度等，能够识别和穿透一定的烟尘和雾霾，但由于声波会在复杂环境中发生漫反射，因此存在一定的误差。目前主流的毫米波雷达有 24GHz 的中距雷达和 77GHz 的长距雷达两种，其中 77GHz 的长距雷达在测定距离和速度的准确性及角分辨率方面更加精准。

激光雷达通过向车辆周边环境发射激光束并接收反馈回来的信号来测算周边环境中静态或动态物体的位置、速度等信息，然后计算、整合形成被探测物的几何、距离和速度图像等。激光雷达因其精度高、抗干扰能力强而成为目前智能驾驶车辆最佳的技术路线和方案之一。激光雷达必须安装在车外，通过高速旋转或多个激光雷达共同作用实现车辆周边 30~200 米范围内的 360°探测。目前所采用的激光雷达分为单线和多线两种类型，其中多线激光雷达可获得精确度极高的速度、距离和角度分辨率，经后期计算可形成厘米级的 3D 地图。激光雷达对于光线条件的要求较低，但会受到空气中的雨、雪、雾霾等的影响。

超声波雷达通过向外界发出高于人类听觉水平的高频声音来判断周围环境，具有频率高、波长短等特点，且对于液体等的穿透力较强，主要用于检测近距离物体场景并形成 3D 映射，在近距离环境内其精度可达到 1cm。由于超声波雷达的侦测距离短，因此天气对其影响较小。超声波雷达前期主要用于倒车雷达、辅助泊车等辅助驾驶系统，目前已逐渐应用到自动泊车、自动驻车等自动驾驶领域。

摄像头是自动驾驶车辆配备的主要传感器之一。摄像头不仅有较高的分辨率，还具备对周围物体颜色、对比度和光学字符等识别的功能。摄像头可以将从周围环境中捕捉到的光信号转化为模拟电信号，再通过图像信息转化为数字信号并形成对周围环境的感知，但摄像头对于环境的感知受到光线明暗的影响。摄像头的成本较低且应用范围广，一般情况下在自动驾驶车辆中均会装备前视、后视、环视等多角度方位的摄像头。摄像头通过对其采集的图像进行分析、计算，能够识别出行人、车辆、标志标线等环境信息，并与其他传感器一并实现自动和辅助驾驶以及监测预警等功能。

单一传感器具有其本身的局限性，因此智能驾驶汽车的感知系统一般都由以上多个不同传感器组合而成，通过各种雷达、摄像头及传感器的综合探测完成多传感信息融合和多传感信息交互，完成在近、中、远不同距离和范围内对周边环境的整体信息获取，包括道路车道标线、交通标志及信号、车身周围全视角内的车辆、人员等情况。

目前国内外很多企业都已开展了自动驾驶汽车的研究和开发。例如，戴姆勒-奔驰公司开发的智能重型货车可实现前方 7~150m 范围内的行人、车辆及其他障碍物的感知和监测，通过判定相对速度和物体运动状态而进行预警提示并及时进行紧急制动。图森未来公司针对物流和港口等使用场景开发的满足 L4 级别的无人驾驶重型货车采用了多种传感器融合方案，可以最远探测到前方 300m 道路的状况，充分保障了自动驾驶的安全性。目前，在美国的部分州已经允许智能驾驶汽车上路行驶，并启动建设自动驾驶专用车道；我国在部分城市区域开展了自动驾驶示范运行，旨在推进智能汽车的发展和整个系统的优化、改进。

11.2.2　基于分析计算的决策管理

通过传感器获取周围环境后，就需要自动驾驶系统中的决策控制层进行分析计算，获取所处道路标志、标线和路网信息、周边交通状况以及参与者信息等，然后结合自身车辆的行驶数据信息以及目的地信息等，做出下一步控制执行层的决策规划和最优的路径规划，并将指令下达到执行层的各个机构。

在自动驾驶系统控制器进行控制计算和分析时，首先要对收集到的信息进行处理，然后基于对各种信息的分析、计算做出执行机构的驱动决策。在这个过程中，有两种处理模式，一种处理模式是将从周边环境感知得到的信息与相关的信息进行比对，包括目的地信息、车辆自身信息、路线规划信息等，经过层层比对筛选后完成相关执行机构的控制要求并发送给控制机构；另一种处理模式是将各个系统中的信息并行进行分析，通过控制器进行整体规划和考虑，形成最终的决策规划。

层层推进的串联结构能够逐步缩小工作范围，相应的处理精度和能力也会显著提升，但会由于整个流程过长而造成系统崩溃或重新计算等问题。并行处理是同步调用所有传感器信息，缩短了响应时间并简化了整体信息存储量，但由于算法复杂，对控制器的算法逻辑和算力要求较高。

为了提高自动驾驶对于实际交通环境的处理能力，目前大部分的分析、决策体系都采用串、并联混合模式推进，一方面保证计算精度，另一方面加强响应速度并减小系统崩溃的概率。

在自动驾驶分析、计算过程中，除了处理传感器反馈的数据形成 3D 环境构型，还需要对驾驶路径进行规划。目前主流的路径规划方式有全局路径规划和局部路径规划两种。全局路径规划指在现有的环境和路网中，根据目的地信息按照驾驶人的要求规划出一条最优路径。局部路径规划可以理解为一种实时的路径规划，通过对周围环境的实时探测以及整体交通路网信息变化，实时调整路径信息并确定下一步的行驶轨迹。在实际操作中，一般会将全局路径规划与局部路径规划协同使用，既在事前规划好方案，也进行实时反馈与校正，以确保自动驾驶车辆始终处于最优的驾驶路径中。

11.2.3　基于线控系统的执行控制

执行控制系统是自动驾驶最终的实现基础，其主要作用是将控制器发出的指令依靠信号线联通，将电信号进行传递并实现对驱动、转向、制动、灯光以及车身姿态等的控制与调整，最终实现车辆的自主运行和行驶。

在自动驾驶的控制执行方面，目前主要对车辆的纵向和横向进行控制，但随着技术的发展，垂直向也会进行优化控制，从而满足驾驶人对驾驶舒适度的要求。纵向控制包括车辆的驱动和制动控制，使车辆能够按照要求的速度行驶，保证了车辆的行驶速度、车间距离与行驶安全。横向控制包括车辆转向和车身姿态控制，主要是在不同的车速、载荷、风阻、路况等条件下，通过转向盘角度的调整以及车轮制动的控制使车辆保持期望的行车轨迹以及良好的乘坐舒适性和稳定性。

自动驾驶车辆的执行机构主要包括线控转向、线控制动、线控节气门、线控悬架等。

线控转向系统由具备路感模拟的转向盘及转向器总成组成。转向盘系统通过测量转向盘转角及转矩将驾驶人的转向意图转换成数字信号并发送到主控制器，主控制器结合车速、加速度、横摆角等车辆信息控制转向器的转动；同时通过控制器的回馈信号产生转向盘回正力矩并反馈给驾驶人。转向器总成是实现转向的执行部件，可以通过驾驶人操作转向盘或自动驾驶控制器输入指令。以电液转向器为例，它在液压循环球转向器的基础上增加了转角及转矩传感器、转向执行电动机及控制器等。控制器将驾驶人或自动驾驶控制器输出的转向盘转角和转矩等数据，结合车速、加速度、横摆角速度等车辆状态数据计算出车轮所需的转角角度，然后发出控制信号以实现车辆转向。控制器还将路感电动机反馈的信号发给驾驶人或自动驾驶控制器，形成闭环控制。

线控制动包括电子机械制动和电子液压制动。其中，电子液压制动是由电控单元驱动液压系统实现制动，电子机械制动是直接采用电子制动卡钳制动，电控单元可以直接将电信号发给制动器实现快速制动。在智能驾驶系统中，还引入了车身稳定控制系统，通过采集、分析车辆的行驶状况来进行综合判断，实现制动及时介入，避免出现车辆侧翻、制动抱死、侧滑等情况。例如，当监测车辆出现转向过度可能导致车辆侧翻时，车身稳定系统会控制电子制动介入，对相应转向的车轮实施制动，以避免车辆因转向过度而带来的车辆侧倾失控。线控驻车制动一般采用电子驻车制动，由电控单元根据驾驶人或者整车控制器输出的信号发出指令，通过驻车制动器中的电磁阀控制制动机构实现驻车。

电驱动系统的线控通过线控节气门实现，主要由加速踏板、踏板位移传感器、电控单元等组成。位移传感器实时监测加速踏板的位置变化并将变化量发送给电控单元，电控单元进行计算并将控制信号传递给电机控制器。当车辆自动驾驶时，由整车控制器根据周围道路环境和规划路径发出相关驱动指令给电机控制器，实现车辆驱动。

线控悬架一般由电子控制空气悬架，包括电控单元、电磁阀、高度传感器、气囊、推力杆等。电控单元通过接收整车控制器发来的相关车辆状态参数和需要调节的参数，按照设定的控制逻辑调整空气悬架内部电磁阀的开度，实现对各个减振气囊的充、放气调节。相比传统悬架，线控悬架不仅可以更好地减小路面冲击和行驶振动、噪声，提高车辆舒适性，还可以实现主动控制，提高整车的安全性。

参 考 文 献

［1］ 王文伟，毕荣华. 电动汽车技术基础［M］. 北京：机械工业出版社，2010.

［2］ 张翔. 纯电动汽车整车控制器进展［J］. 汽车电器，2011（2）：1-5.

［3］ 夏正鹏，汪兴兴，等. 电动汽车电池管理系统研究进展［J］. 电源技术. 2012，36（7）：1052-1054.

［4］ 谭晓军. 电动汽车动力电池管理系统设计［M］. 广州：中山大学出版社，2011.

［5］ 符晓玲，商云龙，崔纳新. 电动汽车电池管理系统研究现状及发展趋势［J］. 电力电子技术，2011，45（12）：27-30.

［6］ 林程，韩冰. 北京市纯电动汽车技术培训教程［M］. 北京：北京理工大学出版社，2012.

［7］ 李云，朱世武，等. 电动汽车电机控制器的发展［J］. 大功率变流技术，2015（2）：12-17.

［8］ 王志福，张承宁. 电动汽车电驱动理论与设计［M］. 2版. 北京：机械工业出版社，2017.

目　　录

知识工作页

1.1 新能源汽车概述

简答题

1. 新能源汽车分为哪几种类型？

2. 我国 2009 年开始分三批启动的 "十城千辆节能与新能源汽车示范推广应用工程" 包括哪些城市？（列举出 10 个以上）

3. 电动汽车分为哪几种类型？针对每种类型列举 2 款车型。

1.2 电动汽车的基本结构与工作原理

1.2.1 不定项选择题

1. 纯电动汽车"三大电"系统包括____。
A. 电驱动（电动机）系统　　　　　B. 电控系统
C. 电子系统　　　　　　　　　　　D. 蓄电池系统

2. 纯电动汽车"三小电"系统包括____。
A. 电制动系统　　　　　　　　　　B. 电转向系统
C. 电空调系统　　　　　　　　　　D. 电子系统

3. 中度混合动力电动汽车电动机峰值功率和发动机的额定功率比为____。
A. 15%~40%　　　　　　　　　　　B. 10%~15%
C. ≤5%　　　　　　　　　　　　　D. ≥40%

4. 采用集成起动电动机（ISG）的是____混合动力电动汽车。
A. 深度　　　　　　　　　　　　　B. 中度
C. 轻度　　　　　　　　　　　　　D. 微度

5. 混合动力电动汽车的混合模式包括____。
A. 串联　　　　　　　　　　　　　B. 混联
C. 并联　　　　　　　　　　　　　D. 直联

6. 燃料电池电动汽车通常包括____。
A. 纯燃料电池电动汽车　　　　　　B. 电电混合燃料电池电动汽车
C. 增程式燃料电池电动汽车

7. 燃料电池电动汽车的效率通常可以达到____。
A. 20%　　　　　　　　　　　　　B. 30%
C. 40%　　　　　　　　　　　　　D. 50%

1.2.2 简答题

1. 填写下图中各个部件的名称。

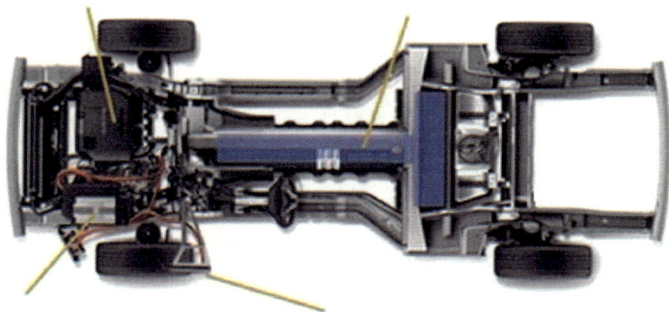

2. 标示出能量流向和机械传动方向。

| 蓄电池 | 逆变器 | 电机 | 驱动轴 |

3. 混联式混合动力电动汽车的特点是什么？

4. 简述燃料电池电动汽车的特点。

5. 燃料电池电动汽车相对于纯电动汽车增加了哪些装置？

6. 填写下图中燃料电池—动力蓄电池式混合动力电动汽车的结构名称。

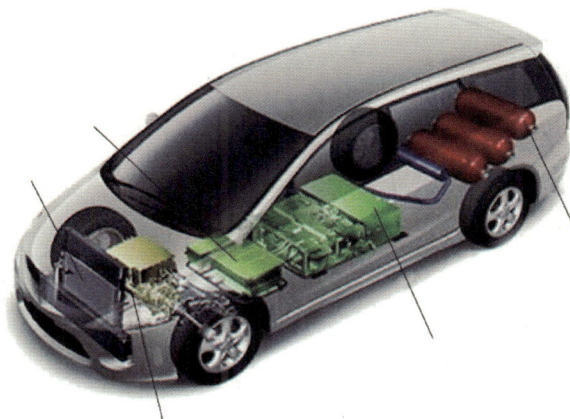

1.3　电动汽车动力蓄电池

1.3.1　不定项选择题

1. 锂离子蓄电池的组成包括____。

A. 正极
B. 负极
C. 隔膜
D. 电解液

2. 锂离子蓄电池种类包括____。

A. 磷酸铁锂
B. 钴酸锂
C. 锰酸锂
D. 镍钴锰三元锂

3. 磷酸铁锂蓄电池的正极载体是____。

A. 炭板
B. 铜箔
C. 铝箔
D. 铝合金

4. 三元锂离子蓄电池包括的元素有____。

A. 锌
B. 锰
C. 镍
D. 钴

5. 800mA·h 容量的动力蓄电池以 0.1C 倍率充电，其充电电流为____。

A. 80mA
B. 8000mA
C. 8mA
D. 800mA

1.3.2　名词解释

1. 额定容量。

2. 能量密度。

3. 循环寿命。

1.3.3　简答题

1. 简述电动汽车动力蓄电池的分类及各自特点。

2. 填写磷酸铁锂离子蓄电池的结构。

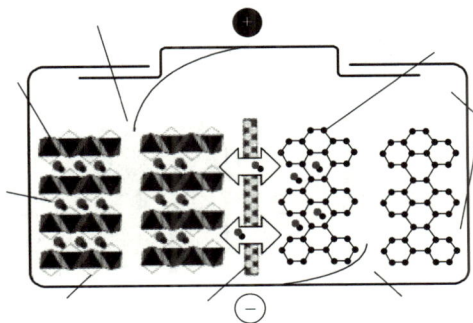

3. 写出锰酸锂离子蓄电池正、负极的反应方程式。

1.4　燃料电池系统和氢系统

1.4.1　不定项选择题

1. 燃料电池包括____。
A. 质子交换膜燃料电池
B. 锂离子燃料电池
C. 碱性燃料电池
D. 固体氧化物燃料电池

2. 质子交换膜燃料电池的电压范围为____。
A. 10~20V
B. 0~0.1V
C. 0.6~1V
D. 25~30V

3. 质子交换膜燃料电池的工作温度为____。
A. 0~5℃
B. 205~250℃
C. 30~35℃
D. 60~95℃

4. 车用燃料电池储氢系统常用的工作压力为____。
A. 35MPa
B. 350MPa
C. 3.5MPa
D. 70MPa

5. 车用质子交换膜燃料电池的正极是____极，发生的是____反应。
A. 阳，还原
B. 阴，还原
C. 阳，氧化
D. 阴，氧化

1.4.2　名词解释

1. 燃料电池系统额定功率。

2. 燃料电池系统加载响应速度。

3. 燃料电池系统的冷启动时间。

1.4.3 简答题

1. 填写下图中质子交换膜燃料电池的结构名称。

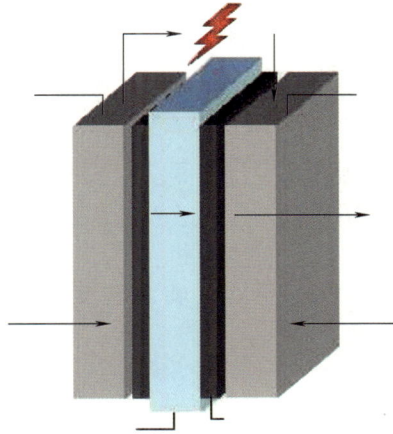

2. 燃料电池系统从大类上可以分为几个子系统，分别是什么？

3. 氢系统由哪些部件组成？

1.5 电动汽车驱动电机

1.5.1 填空题

1. 一般电动机主要由两部分组成：固定部分称为_____，旋转部分称为_____。

2. 按电源分类，电动机可分为_____和_____。

3. 按结构和工作原理，电动机可分为_____、_____和_____。

4. 按用途分类，电动机可分为_____和_____。

5. 一台电动机的额定功率为 120kW，最大转矩为 300N·m，则它的基准转速是_____。

6. 填写下图中各部件的名称。

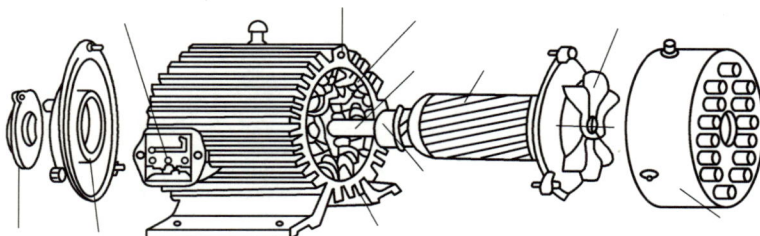

7. 如图所示，P 点是稳定工作点的是图_____。

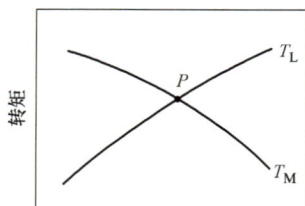
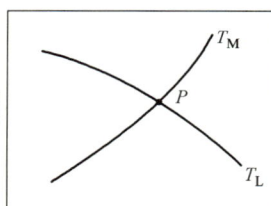
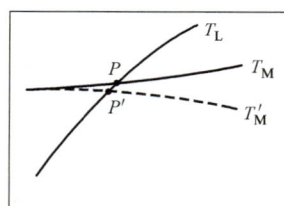

1.5.2 简答题

1. 电动汽车的驱动电机具有比普通工业用电动机更为严格的技术规范，对其性能一般有哪些方面的要求？

2. 为什么转速越高的电动机需要越高的电源电压？

3. 同步电动机和异步电动机的差别主要体现在哪些方面？

4. 电动汽车驱动电机的保养要求有哪些？

5. 按照电动机结构和工作原理划分填写下表。

```
                                        ┌──────────────┐
                                        │              │
                       ┌──感应电动机──┤              │
                       │              ├──────────────┤
      ┌──直流电动机──┤              │  罩极异步电动机
      │              │              │
电动机┤              │              ┌──────────────┐
      │              └交流换向器电动机┤              │
      │              │              ├──────────────┤
      │              ┌──────────────┤  推斥电动机
      └──同步电动机──┤              │
                     ├──────────────┤
                     │              │
                     └──────────────┘
```

直流电动机　感应电动机　交流换向器电动机　罩极异步电动机　电动机　同步电动机　推斥电动机

1.6 电动汽车控制系统

1.6.1 不定项选择题

1. 交流永磁同步电动机采用____方式。
A. 矢量控制　　　　　　B. 模糊滑膜控制　　　　C. 脉宽调制（PWM）控制

2. 交流感应电动机采用____方式。
A. 矢量控制　　　　　　B. 模糊滑膜控制　　　　C. 脉宽调制（PWM）控制

3. 直流电动机驱动系统采用____方式。
A. 矢量控制　　　　　　B. 模糊滑膜控制　　　　C. 脉宽调制（PWM）控制

4. 蓄电池管理系统蓄电池安全保护的内容包括____。
A. 过电流保护　　　　　B. 过充电保护
C. 灰尘保护　　　　　　D. 过温保护

5. 蓄电池管理系统的硬件电路一般可分为____和____。
A. 蓄电池检测回路（BMC）　B. 蓄电池组控制单元（BCU）
C. 绝缘栅双极型晶体管（IGBT）D. 随机存取存储器（RAM）

6. 蓄电池管理系统的基本功能主要有____。
A. 蓄电池状态监测　　　B. 蓄电池状态分析
C. 蓄电池安全保护　　　D. 能量控制管理

7. 整车控制器是一个____的复杂系统。
A. 多输入　　　　　　　B. 多输出
C. 数模电路共存　　　　D. 功能电路相对独立

8. 以下____不是整车控制器的部分。
A. 外壳　　　　　　　　B. 硬件
C. 应用层　　　　　　　D. 数据链路层

9. CAN总线分层包括____。
A. 数据链路层　　　　　B. 物理层
C. 网络层　　　　　　　D. 会话层

10. 车辆的状态信息包括____等子系统状态。
A. 空调开关状态信号　　B. 充电开关信号
C. 辅助蓄电池电压信号　D. 车速信号

11. 燃料电池控制器对燃料电池系统控制的内容包括：____。
A. 压力控制　　　　　　B. 温度控制
C. 湿度控制　　　　　　D. 电气控制

12. 氢系统控制器对氢系统从____方面进行监测，从而实现对氢系统的保护。
A. 氢气泄漏　　　　　　B. 氢气湿度
C. 氢气温度　　　　　　D. 氢气压力

13. 针对燃料电池系统的温度控制，需要将燃料电池的工作温度控制在____。
A. 10~50℃　　　　　　B. 50~70℃

C. 70~80℃   D. 80~100℃

1.6.2 简答题

1. 电动汽车电控系统直接影响电动汽车的什么性能？对保障电动汽车安全可靠运行有什么意义？

2. 整车控制器具有哪些功能？在车辆行驶过程中具体执行的任务内容有哪些？

3. 我国目前整车控制器研发、生产整体情况如何？

4. 下图是 CAN 总线的拓扑结构图，请简单描述 CAN 总线结构及每部分元器件的作用。

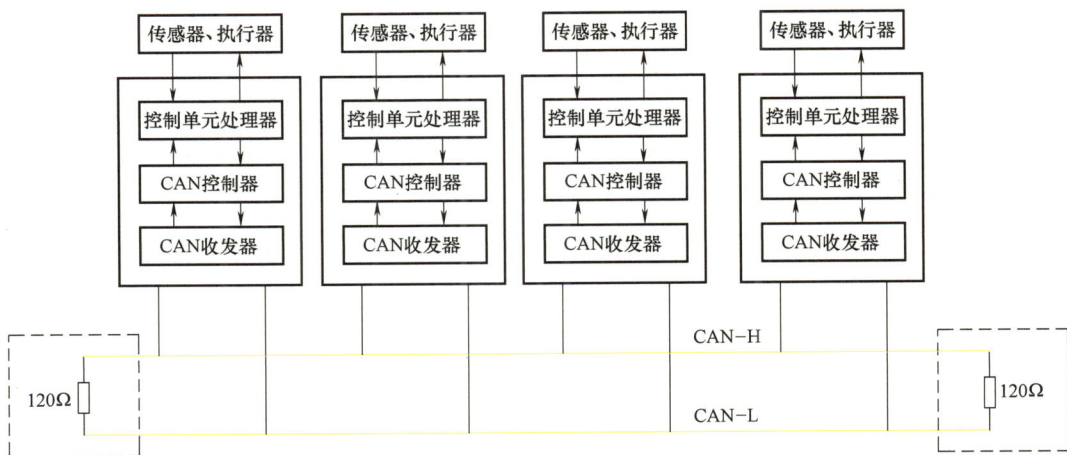

5. 为什么 CAN 总线能得到大规模应用？

6. 整车控制器的硬件电路一般按照模块化划分，请简单介绍硬件电路包括的模块。

7. 蓄电池管理系统在电动汽车上格外重要，请简述一下蓄电池管理系统的功能。

8. 蓄电池的 SOC 和 SOH 分别代表什么含义？反映的是动力蓄电池什么状态？

9. 蓄电池管理系统中星型连接方式和总线型连接方式各有什么优缺点？

10. 电机控制器的功能有哪些？

11. 简述燃料电池控制器的功能。

12. 简述氢系统控制器的功能。

1.7　电动汽车制动系统

简答题

1. 简述电动真空助力系统的组成及工作原理，以及电动真空泵与传统汽车真空泵的区别。

2. 填写下图中线控制动系统相关零部件的名称。

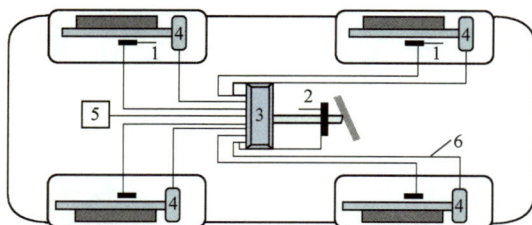

3. 简述制动能量回收系统的工作原理及特点。

4. 简述制动能量回收系统的分类及各自特点。

5. 简述叠加式和协调式制动能量回收系统的异同，以及各自的特点。

1.8 电动汽车空调系统

简答题

1. 简述电动汽车空调系统的分类。

2. 简述电动压缩机+电阻丝加热模式与热泵空调模式的区别。

3. 画出独立式全电动空调压缩机的驱动原理及系统结构。

4. 写出下图中电动压缩机相关零部件的名称（如电控系统、密封圈、电动机、压缩机、连接螺栓、法兰盘）。

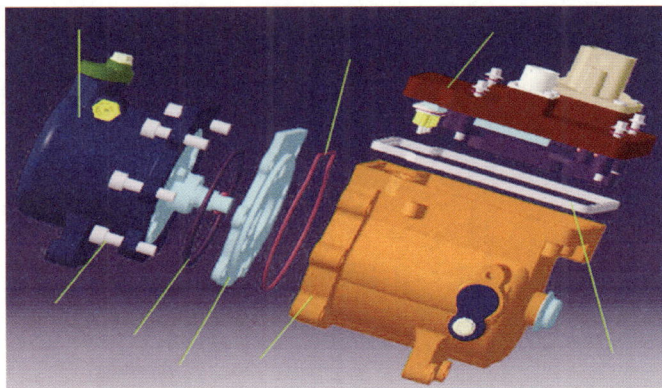

5. 简述电动汽车空调系统的优点。

1.9 电动汽车转向系统

简答题

1. 在下图中标出各部分的名称。

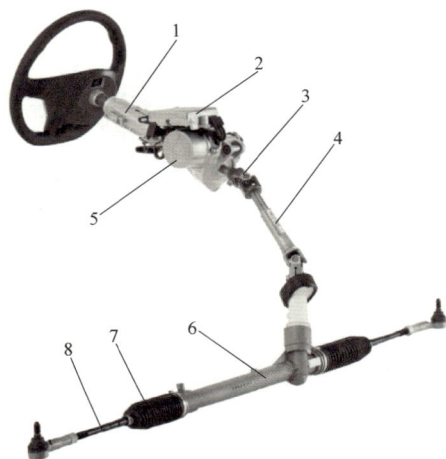

1 _____

2 _____

3 _____

4 _____

5 _____

6 _____

7 _____

8 _____

2. 在下图中标出 EPS 各内部部件的名称。

3. 按照电动机安装位置，简述电动助力转向分为哪几种类型（如下图）。

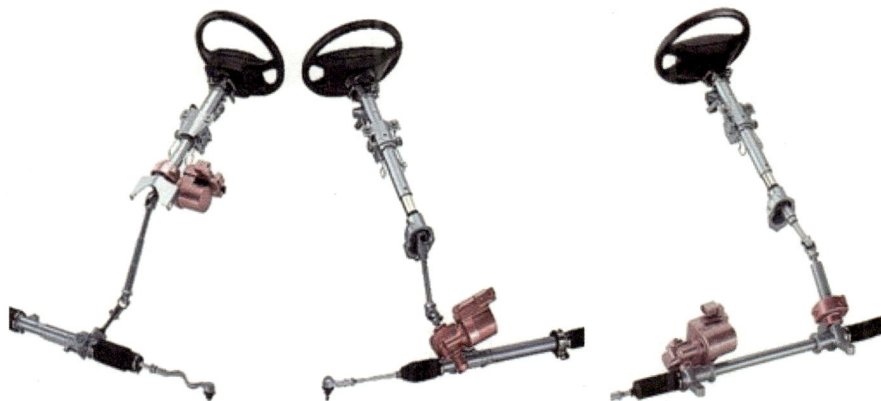

4. 电动助力转向系统电动机过热会出现什么后果？

5. 相比液压助力转向系统，电动助力转向系统在制造和使用过程中有哪些优点？

6. 线控转向系统有哪些优、缺点，路面反馈与液压助力转向和电动机助力转向有哪些不同？

7. 如果转向助力突然消失会有哪些影响？车辆是否可以转向，为什么？

1.10 电动汽车充电系统及氢气加注系统

1.10.1 不定项选择题

1. 电动汽车按照充电方式分为_____和_____两种。

A. 换电式　　　　　B. 插电式　　　　　C. 充电式　　　　　D. 混电式

2. 直流充电的充电功率范围为_____。

A. 5~15kW　　　　B. 100~300kW　　　C. 30~100kW　　　D. 0.5~1kW

3. 交流充电系统中车载充电机的功率一般为_____。

A. 150kW　　　　　B. 1kW　　　　　　C. 3.6kW　　　　　D. 6.6kW

4. 交流充电接口包含_____对触头，其中 L 触头是_____。

A. 8，交流电源　　　　　　　　　　B. 7，备用电源

C. 7，交流电源　　　　　　　　　　D. 6，备用电源

5. 车载充电机由_____及控制单元组成。

A. 输入端口　　　　B. 输出端口　　　　C. 低压辅助单元　　D. 功率单元

6. 车载充电机是电动汽车交流充电系统的关键部件，其上游与_____连接，下游与_____连接。

A. 交流充电桩　　　　　　　　　　B. 直流充电桩

C. 动力蓄电池及 BMS　　　　　　D. 驱动电动机

7. 加氢口按照通径可分为_____和_____两种。

A. TN1　　　　　　B. TN3　　　　　　C. TN5　　　　　　D. TN7

1.10.2 简答题

1. 直流充电系统由哪些设备组成？其工作特点是什么？

2. 交流充电系统与直流充电系统有哪些区别？

3. 车载充电机的设计要求是什么？

4. 判断下图中充电接口种类并简述图中各触点的名称及功用。

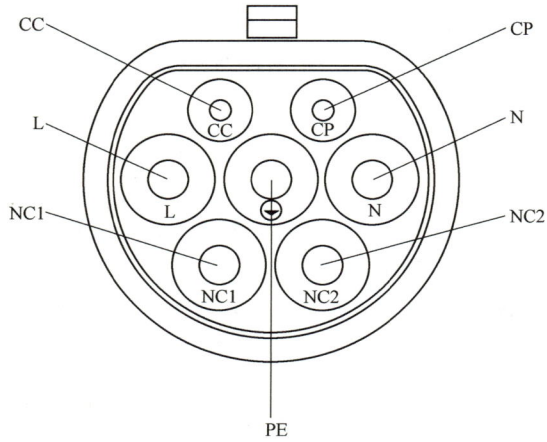

CC

CP

L

N

NC1

NC2

CC

CP

L

N

NC1

NC2

PE

5. 加氢站的基本组成有哪些？

1.11 智能网联系统

1.11.1 不定项选择题

1. 智能驾驶汽车有哪些传感器____？

    A. 激光雷达   B. 毫米波雷达

    C. 摄像头   D. 超声波雷达

2. L3 级别智能驾驶可以实现____功能？

    A. 全自动驾驶   B. 自适应巡航

    C. 自动泊车   D. 车道保持

3. 智能汽车主要的组成部分有____。

    A. 执行机构   B. 控制决策机构

    C. 感知机构   D. 模拟仿真机构

4. 毫米波雷达的工作频段是____，波长是____。

    A. 5~10GHz，15~35mm   B. 10~200GHz，100~300mm

    C. 30~300GHz，1~10mm   D. 200~1000GHz，10~100mm

5. 车路协同与智慧交通的组成部分有____。

    A. 车   B. 云端控制器

    C. 道路   D. 行人

1.11.2 简答题

1. 智能汽车有哪几个等级？各有什么特点？

2. 激光雷达的工作原理和优劣势是什么？

3. 车联网系统由哪些部件组成？其主要依靠什么路径进行通信？

4. OTA 可以实现哪些功能？

实训工作页

2.1 用电安全教育

实训目标

- ➢ 掌握安全用电对电动汽车维修的重要影响。
- ➢ 掌握电动汽车用电安全方面的检测方法、工艺流程和技术规范。
- ➢ 掌握安全电压和安全电流的范围及防护。
- ➢ 熟悉电动汽车高压电的位置及防止事故的安全设计。

实训情景

　　客户报修：电动汽车在行驶过程中熄火后不能够起动。初步判断故障是在驱动电机和蓄电池部分，如果你是维修技师，请拟订维修方案，排除故障。

实训时间

- ➢ 4 课时　　180min

实训实施条件

场所说明

- ➢ 车间或实训室

车辆、零件、辅料

- ➢ 实训车辆或驱动电机实验台架

工具与设备

> ➤ 万用表
> ➤ 示波器
> ➤ 接线笔
> ➤ 诊断仪

信息资料

> ➤ 相关车型维修手册
> ➤ 电路图
> ➤ 设备使用说明书

实训组织与安排

分组进行，分别使用实训车辆或台架进行训练，完成后进行换组。

时间	组别	分组任务	备注
3 课时	A、B、C、D	任务一：认知安全电压和电流 任务二：用电安全实际操作	部分设备轮流使用
1 课时	A、B、C、D	各组分享检测结果 讨论 学生自评	教师讲评

实训实施

实训开始前，学生分成小组，并填写表 1-1 的内容。

表 1-1 实训实施准备项目表

实训名称		小组成员	
设备工具			
资料			
工作计划制订			
教师评语			

知识延展与练习 ◀

1. 安全电压简介

安全电压指不致使人直接致死或致残的电压。一般环境条件下允许持续接触的"安全特低电压"是 36V（也可能是 24V、12V AC /DC，36V 最常见）。

2. 安全电压标准

安全电压应满足以下 3 个条件：①标称电压不超过交流 50V、直流 120V；②由安全隔离变压器供电；③安全电压电路与供电电路、大地隔离。

我国规定的安全电压额定值的等级为 42V、36V、24V、12V、6V。当电气设备采用的电压超过安全电压时，必须按规定采取防止直接接触带电体的保护措施。

3. 安全电流

为了保证电气电路的安全运行，所有电路的导线和电缆的截面都必须满足发热条件，即在任何环境温度下，当导线和电缆连续通过最大负载电流时，其电路温度都不大于最高允许温度（通常为 700℃ 左右），这时的负载电流称为安全电流。导线和电缆的安全电流是由其种类、规格、环境温度和敷设方式等决定的。

电流大小与触电感觉的关系见下表。

电流/mA	50Hz 交流电	直流电
0.6~1.5	手指开始感觉发麻	无感觉
2~3	手指感觉强烈发麻	无感觉
5~7	手指肌肉感觉痉挛	手指感觉灼热和刺痛
8~10	手指关节与手掌感觉痛,手已难以脱离电源,但尚能摆脱电源	灼热感增加
20~25	手指感觉剧痛,迅速麻痹,不能摆脱电源,呼吸困难	灼热感更强,手部肌肉开始痉挛
50~80	呼吸麻痹,心房开始震颤	强烈灼痛,手部肌肉痉挛,呼吸困难
90~100	呼吸麻痹,持续 3min 或更长时间后,心脏麻痹或心房停止跳动	呼吸麻痹

电流对人体的作用：①女性较男性敏感；②小孩遭受电击较成人危险；③人体的皮肤干湿等情况对电击伤害程度有一定的影响，皮肤干燥时电阻大，通过的电流小；皮肤潮湿时电阻小，通过的电流大，危害也大；④患有心脏病、神经系统疾病或结核病的病人受到电击的伤害程度比健康人严重。

4. 危险因素

人体触电的危险程度和下列因素有关：

1）通过人体的电压。

2）通过人体的电流。

3）电流作用时间的长短。

4）频率的高低。

5）电流通过人体的途径。

6）触电者的体质状况。

7）人体的电阻。

5. 危险程度

通过人体的电压：较高的电压对人体的危害十分严重，轻的引起灼伤，重的则足以使人致死。较低的电压，人体抵抗得住，可以避免伤亡。从人触碰的电压情况来看，一般人触碰36V 以上的电压都是危险的。

通过人体的电流：决定于触电者接触电压的高低和人体电阻的大小。人体接触的电压越高，通过人体的电流越大，只要超过 0.1A 就能造成触电死亡。

电流作用时间的长短：电流通过人体时间的长短与对人体的伤害程度有很密切的关系。人体处于电流作用下的时间越短获救的可能性越大。电流通过人体时间越长，电流对人体的机能破坏越大，获救的可能性就越小。

频率的高低：一般说来工频 50~60Hz 对人体是最危险的。从电击观点来看，高频率电流灼伤的危险性并不比直流电压和工频的交流电危险性小。此外，无线电设备、淬火、烘干和熔炼的高频电气设备，能辐射出波长 1~50cm 的电磁波。这种电磁波能引起人体体温增高、身体疲乏、全身无力和头痛失眠等症状。

电流通过人体的途径：电流通过人体时，可使表皮灼伤，并能刺激神经，破坏心脏及呼吸器官的机能。电流通过人体的路径，如果是手到脚，中间经过重要器官（心脏）时最为危险；电流通过的路径如果是从脚到脚，则危险性较小。

实训评分

完成实训后，教师根据实际情况填写表 1-2

表 1-2　实训评分表

序号	评分标准	配分	得分
1	实训准备和实训过程的认真仔细程度和实训态度	10	
2	技术资料应用情况	10	
3	团队工作计划与分工	10	
4	测量与检查记录或文件记录	10	
5	按专业要求做实训	10	
6	按专业要求使用量具、检验器具及工具	10	
7	注意遵守劳动与环保规定	10	
8	做好将车辆/系统交给客户之前的准备工作	10	
9	团队配合与沟通	10	
10	回答实训过程中教师的提问	10	
合计分数			

2.2　电动汽车结构的认知

实训目标

> 掌握电动汽车的整体结构。
> 掌握电动汽车动力蓄电池部分的检测方法、工艺流程和技术规范。
> 掌握电动汽车驱动电机的检测方法、工艺流程和技术规范。
> 掌握电动汽车电控部分的检测方法、工艺流程和技术规范。

实训情景

　　客户报修：电动汽车行驶时加速不良，感觉动力不足。初步判断故障是在动力蓄电池和驱动电机部分。如果你是维修技师，请拟订维修方案，排除故障。

实训时间

> 4课时　　180min

实训实施条件

场所说明

> 车间或实训室

车辆、零件、辅料

> 实训车辆或纯电动汽车台架

工具与设备

> 万用表
> 示波器
> 接线笔
> 诊断仪

信息资料

> 相关车型维修手册
> 电路图
> 设备使用说明书

实训组织与安排

分组进行，分别使用实训车辆或台架进行训练，完成后进行换组。

时间	组别	分组任务	备注
3 课时	A、B、C、D	任务一：检查、维护动力蓄电池 任务二：测试动力蓄电池起动电压 任务三：进行动力蓄电池正常充电 任务四：实操考核车辆静电流测试	部分设备轮流使用
1 课时	A、B、C、D	各组分享检测结果 讨论 学生自评	教师讲评

实训实施

实训开始前，学生分成 4 个小组，并填写表 2-1 的内容。

表 2-1 实训实施准备项目表

实训名称		小组成员	
设备工具			
资料			
工作计划制订			
教师评语			

1. 电动汽车整车认知（北汽绅宝 ES210，下图）

电驱动参数：

功率/kW		40/80	电动机形式	永磁同步电动机
转矩/（N·m）		127/255	转速/（r/min）	3000/9000
蓄电池类型		锂离子动力蓄电池(混合三元材料)		
电压/V	358	容量/（A·h）	106	电量/（kW·h）	38
续驶里程/km 工况（NEDC）		180	等速里程/（60km/h）	200 以上

充电时间：小功率充电（家用）时间为 8h；大功率充电（充电桩）时间为 4h。

2. 部件系统结构

1）通过下图的提示在车上找到相应的部件及系统。

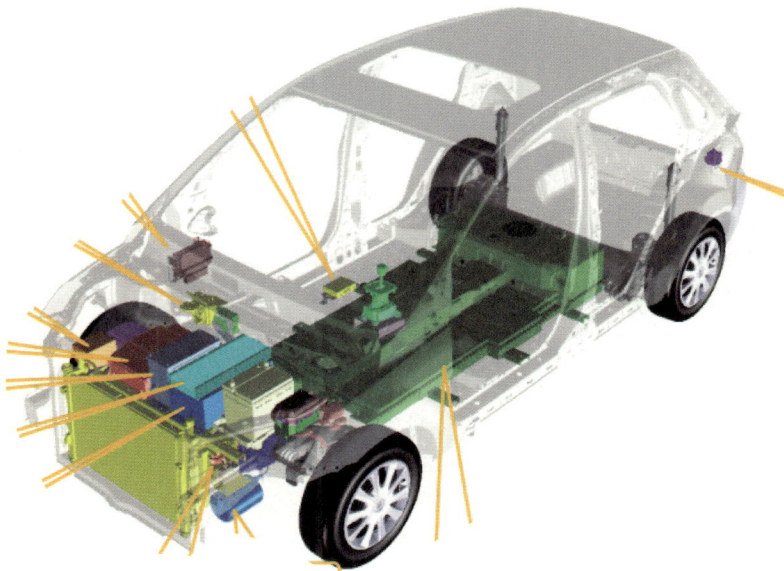

2）描述所用车型的动力蓄电池的安装位置和固定方式。

3）描述所用车型电动机的安装位置和固定方式。

4）描述所用车型电控系统的安装位置和固定方式。

5）描述所在车型悬架的安装位置和固定方式。

3. 电动汽车使用注意事项

1）电动汽车充电时尽量浅充、浅放，当动力蓄电池电量接近30%时，应立刻充电，这样可以提高动力蓄电池的使用寿命。

2）动力蓄电池电量接近10%时，车辆将限速。

3）纯电动汽车在冬季低温行驶后，应及时充电，避免因长时间停驶导致动力蓄电池温度低，造成用电浪费和充电延时。

4）按照维护规定里程定期进行车辆维护。

5）车辆长期停放时，应保证50%~80%的电量，并将12V低压电源线断开，每2~3个月至少对动力蓄电池进行一次充放电，以保证动力蓄电池的使用寿命。

6）非专业维修人员禁止自行拆卸、调整、安装、改装。

实训评分

完成实训后，教师根据实际情况填写表2-2。

表2-2　实训评分表

序号	评分标准	配分	得分
1	实训准备和实训过程的认真仔细程度和实训态度	10	
2	技术资料应用情况	10	
3	团队工作计划与分工	10	
4	测量与检查记录或文件记录	10	
5	按专业要求做实训	10	
6	按专业要求使用量具、检验器具及工具	10	
7	注意遵守劳动与环保规定	10	
8	做好将车辆/系统交给客户之前的准备工作	10	
9	团队配合与沟通	10	
10	回答实训过程中教师的提问	10	
合计分数			

2.3 混合动力电动汽车结构的认知

实训目标

> ➤ 掌握混合动力电动汽车的基本构造。
> ➤ 掌握混合动力电动汽车的检测方法、工艺流程和技术规范。
> ➤ 掌握混合动力电动汽车的数据分析的方法。

实训情景

> 客户报修：发动机在汽车行驶过程中熄火后，不能起动。初步判断故障是在传感器部分。如果你是维修技师，请拟订维修方案，排除故障。

实训时间

> ➤ 4课时   180min

实训实施条件

场所说明

> ➤ 车间或实训室

车辆、零件、辅料

> ➤ 实训车辆或电控发动机台架

工具与设备

> ➤ 万用表
> ➤ 示波器
> ➤ 接线笔
> ➤ 诊断仪

信息资料

> ➤ 相关车型维修手册
> ➤ 电路图
> ➤ 设备使用说明书

实训组织与安排

分组进行，分别使用实训车辆或台架进行训练，完成后进行换组。

时间	组别	分组任务	备注
3 课时	A、B、C、D	任务一：混合动力电动汽车的整体认知 任务二：维护混合动力电动汽车	部分设备轮流使用
1 课时	A、B、C、D	各组分享检测结果 讨论 学生自评	教师讲评

实训实施

实训开始前，学生分成 4 个小组，并填写表 3-1 的内容。

表 3-1　实训实施准备项目表

实训名称		小组成员	
设备工具			
资料			
工作计划制订			
教师评语			

知识延展与练习

电动汽车的操作安全

1）注意高压组件的警告牌。

2）使用单个高压组件时，应检查是否有提示标签。只能使用被许可并有相应标记的原装新部件。

3) 在未咨询专业人员的情况下，禁止任何作业。

4) 禁止对带电的高电压组件进行维修工作。高压系统的每个工作步骤开始之前，必须由经过相关培训的专业人员断开高压系统的电源（高压安全开关断开）并锁死，以防止未经准许重新起动。

5) 当高压警告提示（指示灯、检查控制灯）激活时，在车辆上进行所有操作前必须先用诊断系统查明并排除故障原因。如果未确定无电压，则不允许开始操作，必须由专业电工使用相应的测量仪/测量方法确定无电压。

6) 充电模式下，禁止操作高压组件。开始操作之前，必须将充电电缆与车辆断开。发动机运行期间，不得对高压系统进行操作。

7) 在高压系统上进行操作时，禁止对驱动系统的所有组件（车轮、变速器、驱动轴等）进行外部驱动。在拔下后或插上前检查高压组件所有插头和插头连接的损坏情况。

8) 禁止修理高压线（桔黄色）及其插头和止挡件。损坏时，原则上完整更新导线。

9) 在高压组件附近作业时，必须保护这些组件不受损坏。

10) 必须严格遵守维修说明中的规定，如使用规定的拧紧力矩拧紧高压组件及其支架。

11) 对于事故车辆，在断开高压车载网络前，禁止触碰敞开的高压导线和高压组件。

12) 禁止将流出的物质排入排水沟、矿井和下水道，应按照操作说明收集流出的物质并做废弃处理。此时应穿戴耐酸的个人防护装备。注意不要吸入逸出的气体。

13) 损坏的高压蓄电池单元必须放于耐酸和不受气候制约的收集容器中。存放在室外时，要放在不经授权不可进入的安全位置。

14) 拆卸下来的动力蓄电池单元必须安全妥善放置，以防滥用或损坏。

实训评分

完成实训后，教师根据实际情况填写表 3-2。

表 3-2　实训评分表

序号	评分标准	配分	得分
1	实训准备和实训过程的认真仔细程度和实训态度	10	
2	技术资料应用情况	10	
3	团队工作计划与分工	10	
4	测量与检查记录或文件记录	10	
5	按专业要求做实训	10	
6	按专业要求使用量具、检验器具及工具	10	
7	注意遵守劳动与环保规定	10	
8	做好将车辆/系统交给客户之前的准备工作	10	
9	团队配合与沟通	10	
10	回答实训过程中教师的提问	10	
	合计分数		

2.4 增程器电子节气门的检修

实训目标

➢ 掌握电子节气门对整个电控系统的影响。
➢ 掌握电子节气门的检测方法、工艺流程和技术规范。
➢ 掌握电子节气门数据分析的方法。
➢ 掌握电子节气门对减少尾气排放的影响。

实训情景

　　客户报修：混合动力电动汽车行驶过程中，增程器出现故障报警。初步判断故障是在电子节气门部分。如果你是维修技师，请拟订维修方案，排除故障。

实训时间

➢ 4 课时　　180min

实训实施条件

场所说明

➢ 车间或实训室

车辆、零件、辅料

➢ 实训车辆或电控发动机台架

工具与设备

➢ 万用表
➢ 示波器
➢ 接线笔
➢ 诊断仪

信息资料

➢ 相关车型维修手册
➢ 电路图
➢ 设备使用说明书

实训组织与安排

分组进行，分别使用实训车辆或台架进行训练，完成后进行换组。

时间	组别	分组任务	备注
3 课时	A、B、C、D	任务一：诊断整车控制器故障 任务二：拆卸电子节气门 任务三：清理和复位电子节气门	部分设备轮流使用
1 课时	A、B、C、D	各组分享检测结果 讨论 学生自评	教师讲评

实训实施

实训开始前，学生分成 4 个小组，并填写表 4-1 的内容。

表 4-1 实训实施准备项目表

实训名称		小组成员	
设备工具			
资料			
工作计划制订			
教师评语			

知识延展与练习

1. 电子节气门结构观察

1）拆开实训用电子节气门。

2）分别找到使节气门处于初始状态的弹簧、回位的弹簧、节气门电动机、位置传感器。

3）比较大的弹簧是_____。

4) 比较小的弹簧是_____。

5) 位置传感器的结构形式是：滑动电阻型 □　　　　　　　霍尔式□

6) 节气门是否有防结冰装置？有 □　　　　　　　没有□

2. 节气门位置传感器信号测量

1) 通过汽车专用解码器与电路图，查找电子节气门位置传感器的两根信号线：

_____。

_____。

信号线一的颜色是_____

信号线二的颜色是_____

2) 通过汽车专用解码器驱动电子节气门开度变化，填写表4-2。

表4-2　不同电子节气门开度对应的信号电压

信号电压	0	25%	50%	75%	100%
信号一电压					
信号二电压					

3. 电机控制信号的测量

1) 连接双通道示波器至电动机的两根控制线。

2) 当打开点火开关后，控制线1为_____，控制线2为_____。

3) 通过汽车专用解码器驱动电子节气门打开50%，此时控制线1为_____，控制线2为_____。

4) 通过汽车专用解码器将节气门的开度调节为100%。此时，控制信号的占空比为_____。

实训评分 ◀

完成实训后，教师根据实际情况填写表4-3。

表4-3　实训评分表

序号	评分标准	配分	得分
1	实训准备和实训过程的认真仔细程度和实训态度	10	
2	技术资料应用情况	10	
3	团队工作计划与分工	10	
4	测量与检查记录或文件记录	10	
5	按专业要求做实训	10	
6	按专业要求使用量具、检验器具及工具	10	
7	注意遵守劳动与环保规定	10	
8	做好将车辆/系统交给客户之前的准备工作	10	
9	团队配合与沟通	10	
10	回答实训过程中教师的提问	10	
合计分数			

2.5　电动汽车的整车控制系统

实训目标

> ➤ 了解整车控制系统的功能及对电动汽车的影响。
> ➤ 掌握电动汽车整车控制系统的检测方法、工艺流程和技术规范。

实训情景

> 客户报修：电动汽车行驶过程中经常出现电动机工作中断的情况。初步判断故障是在整车控制部分。如果你是维修技师，请拟订维修方案，排除故障。

实训时间

> ➤ 4课时　　180min

实训实施条件

场所说明

> ➤ 车间或实训室

车辆、零件、辅料

> ➤ 实训车辆或整车控制器

工具与设备

> ➤ 万用表
> ➤ 示波器
> ➤ 接线笔
> ➤ 故障诊断仪

信息资料

> ➤ 相关车型维修手册
> ➤ 电路图
> ➤ 设备使用说明书

实训组织与安排

分组进行，分别使用实训车辆或台架进行训练，完成后进行换组。

时间	组别	分组任务	备注
3 课时	A、B、C、D	任务一：整车控制器供电部分故障排查 任务二：对实验结果进行分析	部分设备轮流使用
1 课时	A、B、C、D	各组分享检测结果 讨论 学生自评	教师讲评

实训实施

实训开始前，学生分成 4 个小组，并填写表 5-1 的内容。

表 5-1　实训实施准备项目表

实训名称		小组成员	
设备工具			
资料			
工作计划制订			
教师评语			

知识延展与练习

整车控制器的功能是通过采集加速踏板信号、制动踏板信号及其他部件信号，做出相应判断进行能量管理，实现整车驱动控制、能量优化控制、制动回馈控制和网络管理等功能。

当仪表显示整车故障时，正确的诊断流程如下：无法与故障诊断仪建立连接的车辆，可先按以下顺序进行排查：使用万用表检查 VCU 的供电是否正常，包括 ON 档电、常电；同时，需要检查低压电气盒中 VCU 的各个供电保险是否正常；使用万用表检查 OBD 诊断口与 VCU 的 CAN 总线线束连接是否牢固、正常；如果以上都不正常，应更换全新的整车控制器。

排查结束后，故障诊断仪可与整车控制器 VCU 建立 CAN 总线通信连接，进入诊断界面后，根据故障码按流程进行故障的定位、排查、维修，最后清除故障码，试车，将车辆交还用户。

实训评分

完成实训后，教师根据实际情况填写实训评分表 5-2。

表 5-2 实训评分表

序号	评分标准	配分	得分
1	实训准备和实训过程的认真仔细程度和实训态度	10	
2	技术资料应用情况	10	
3	团队工作计划与分工	10	
4	测量与检查记录或文件记录	10	
5	按专业要求做实训	10	
6	按专业要求使用量具、检验器具及工具	10	
7	注意遵守劳动与环保规定	10	
8	做好将车辆/系统交给客户之前的准备工作	10	
9	团队配合与沟通	10	
10	回答实训过程中教师的提问	10	
合计分数			

2.6　电动汽车的动力蓄电池系统

实训目标

- ➢ 掌握动力蓄电池的作用及对电动汽车的影响。
- ➢ 掌握动力蓄电池的检测方法、工艺流程和技术规范。
- ➢ 掌握相关数据分析的方法。

实训情景

客户报修：电动汽车在行驶过程中失去动力。初步判断为动力蓄电池出现故障。如果你是维修技师，请拟订维修方案，排除故障。

实训时间

- ➢ 4 课时　　180min

实训实施条件

场所说明

- ➢ 车间或实训室

车辆、零件、辅料

- ➢ 实训用动力蓄电池

工具与设备

- ➢ 万用表
- ➢ 电流钳
- ➢ 动力蓄电池检测仪
- ➢ 故障诊断仪

信息资料

- ➢ 相关车型动力蓄电池维修手册
- ➢ 单体蓄电池相关数据资料
- ➢ 设备使用说明书

实训组织与安排

分组进行，分别使用实训车辆或台架进行训练，完成后进行换组。

时间	组别	分组任务	备注
3课时	A、B、C、D	任务一：检查、维护动力蓄电池 任务二：检测动力蓄电池电压 任务三：检测动力蓄电池温度 任务四：间接测算动力蓄电池内阻值 任务五：对实验数据进行分析	部分设备轮流使用
1课时	A、B、C、D	各组分享检测结果 讨论 学生自评	教师讲评

实训实施

实训开始前，学生分成4个小组，并填写表6-1的内容。

表6-1　实训实施准备项目表

实训名称		小组成员	
设备工具			
资料			
工作计划制订			
教师评语			

知识延展与练习

1. BMS 测试

BMS 是连接车载动力蓄电池和电动汽车的重要纽带，它能使动力蓄电池性能得到充分利用，并有效延长动力蓄电池的使用寿命，基本功能主要包括动力蓄电池状态监测、动力蓄电池状态分析、动力蓄电池安全保护、能量控制管理及动力蓄电池信息管理等。

读取 BMS 内部数据，对单体电压、电流、温度等进行记录，并观测不同状况下的动力蓄电池情况。

2. 动力蓄电池的检查、维护

动力蓄电池的检修包括日常检测、中修和大修。

　　日常检测项目包括外观、动力蓄电池箱插接器、绝缘、电压、通信等。如果日常检测中发现问题，日常检测转为中修检查维护。中修维护应完成日常检测的全部检查项目，进行交流内阻检查、充放电测试、开箱检测等。大修维护应完成中修维护的全部检修项目，进行动力蓄电池箱插接器、AGPS以及内部检查，进而给出检修总结并予以分析。

3. 动力蓄电池典型故障原因分析及维护

　　动力蓄电池产生故障的原因错综复杂，在实际运行中，需根据环境温度、动力蓄电池制造材料等实际情况，用多手段进行分析处理；此外，应参考动力蓄电池的使用记录，估算实时动力蓄电池容量及运行时间。针对动力蓄电池的典型故障，首先需要详细了解动力蓄电池的故障现象，制订出相应的检验方案，对动力蓄电池做全面检验。

实训评分

　　完成实训后，教师根据实际情况填写表6-2。

表6-2　实训评分表

序号	评分标准	配分	得分
1	实训准备和实训过程的认真仔细程度和实训态度	10	
2	技术资料应用情况	10	
3	团队工作计划与分工	10	
4	测量与检查记录或文件记录	10	
5	按专业要求做实训	10	
6	按专业要求使用量具、检验器具及工具	10	
7	注意遵守劳动与环保规定	10	
8	做好将车辆/系统交给客户之前的准备工作	10	
9	团队配合与沟通	10	
10	回答实训过程中教师的提问	10	
合计分数			

2.7 电动汽车驱动电机检测

实训目标

➢ 掌握驱动电机及对整个电动汽车系统的影响。
➢ 掌握驱动电机的检测方法、工艺流程和技术规范。
➢ 掌握驱动电机的数据分析的方法。

实训情景

客户报修：车辆无法上电，整车报绝缘故障。初步判断故障是在驱动电机部分。如果你是维修技师，请拟订维修方案，排除故障。

实训时间

➢ 4 课时　　180min

实训实施条件

场所说明

➢ 车间或实训室

车辆、零件、辅料

➢ 实训车辆或电动汽车驱动电机部分台架

工具与设备

➢ 万用表
➢ 示波器
➢ 接线笔
➢ 诊断仪

信息资料

➢ 相关车型维修手册
➢ 电路图
➢ 设备使用说明书

实训组织与安排

分组进行，分别使用实训车辆或台架进行训练，完成后进行换组。

时间	组别	分组任务	备注
3课时	A、B、C、D	任务一:驱动电机的认知 任务二:测试驱动电机三相绕组直流电阻 任务三:测试冷态绝缘电阻 任务四:测试热态绝缘电阻 任务五:测试安全接地	部分设备轮流使用
1课时	A、B、C、D	各组分享检测结果 讨论 学生自评	教师讲评

实训实施

实训开始前，学生分成4个小组，并填写表7-1的内容。

表7-1　实训实施准备项目表

实训名称		小组成员	
设备工具			
资料			
工作计划制订			
教师评语			

知识延展与练习

1. 电动机的认知

电动机在新能源汽车上主要作为驱动部件，因此电动机要满足整车性能要求，即在最大转矩、最大功率、最高转速的条件下，所施加的电压、电流、频率在逆变器可控制范围内，并且电动机上升的温度控制在容许范围内。另外，当控制装置出现异常或者发生故障时，控制装置不会由于电动机反电动势造成过压压力性损坏；在电动机转速过高时，电动机不会由于离心力的作用发生强度上的损坏等。

在乘用车上一般将驱动电机布置在前机舱，形成典型的前置前驱布置形式。

在电动汽车上找到驱动电机,对其基本长度进行测量并记录:

1) 轴向长度＿＿＿＿＿＿

2) 径向直径＿＿＿＿＿＿

3) 交流输入 UVW 三相电缆直径＿＿＿＿＿＿

2. 驱动电机三相绕组直流电阻的测试

拆下驱动电机与电机控制器之间的三相连接线,如下图所示。

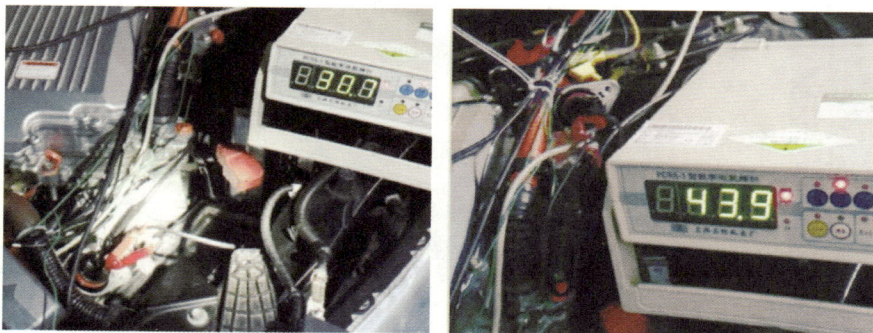

使用微欧计分别测量驱动电机三相线两两之间的电阻,测试结果填入下表。

测点	直流电阻
Ruv	
Ruw	
Rvw	
平均值	

3. 冷态绝缘电阻测试

在室温下,将驱动电机静置 6h 以上,拆下驱动电机与电机控制器之间的三相连接线,如下图所示。

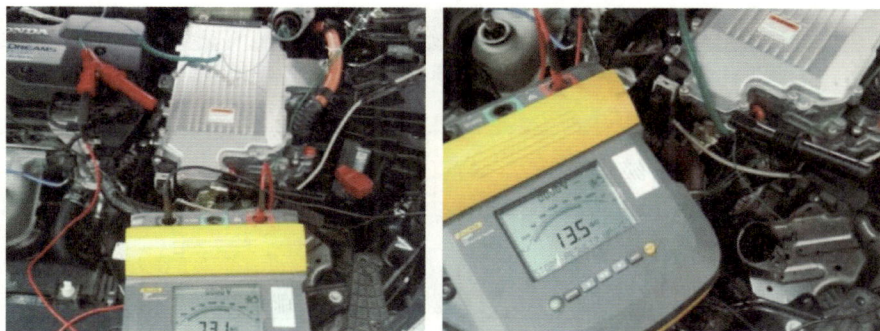

　　使用绝缘测试仪测量驱动电机三相线与壳体间的绝缘电阻，测量电压为 1000Vdc，测量时间为 1min，将测量结果填入下表。

测点	绝缘电阻
U-壳体	
V-壳体	
W-壳体	
平均值	

4. 热态绝缘电阻测试

　　热态绝缘电阻在车辆高速行驶（60~120km/h）约 1h 后进行测试。拆下驱动电机与电机控制器之间的三相连接线。

　　使用绝缘测试仪测量电动机三相线与壳体间的绝缘电阻，测量电压为 1000Vdc，测量时间为 1min，将测量结果填入下表。

测点	绝缘电阻
U-壳体	
V-壳体	
W-壳体	
平均值	

5. 安全接地测试

　　冷态时，使用微欧计测量驱动电机壳体接地点与壳体其他位置之间的电阻，任取 3 个点进行测量，如下图所示。将测量结果填入下表。

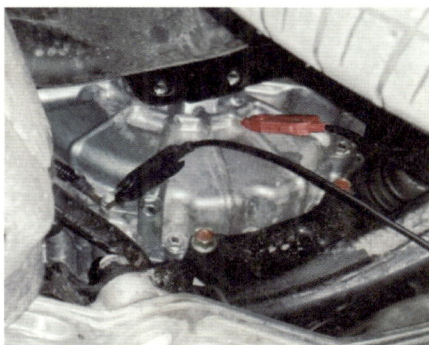

测点	绝缘电阻
接地点-壳体 1	
接地点-壳体 2	
接地点-壳体 3	
平均值	

实训评分

完成实训后，教师根据实际情况填写表 7-2。

表 7-2　实训评分表

序号	评分标准	配分	得分
1	实训准备和实训过程的认真仔细程度和实训态度	10	
2	技术资料应用情况	10	
3	团队工作计划与分工	10	
4	测量与检查记录或文件记录	10	
5	按专业要求做实训	10	
6	按专业要求使用量具、检验器具及工具	10	
7	注意遵守劳动与环保规定	10	
8	做好将车辆/系统交给客户之前的维修工作	10	
9	团队配合与沟通	10	
10	回答实训过程中教师的提问	10	
合计分数			

2.8 电动汽车空调系统及电动压缩机认知

实训目标

> 掌握电动汽车空调系统的构成及原理。
> 掌握电动压缩机的工作原理及内部结构。
> 拆解电动压缩机。

实训情景

客户报修：电动汽车行驶过程中，空调无动作。初步判断为空调系统出现故障。如果你是维修技师，请拟订维修方案，排除故障。

实训时间

> 4 课时   180min

实训实施条件

场所说明

> 车间或实训室

车辆、零件、辅料

> 实训车辆或电动汽车空调系统

工具与设备

> 万用表
> 示波器
> 拆卸工具
> 故障诊断仪

信息资料

> 电动压缩机维修手册
> 系统原理和电路图
> 设备使用说明书

实训组织与安排

分组进行，分别使用实训车辆或台架进行训练，完成后进行换组。

时间	组别	分组任务	备注
3 课时	A、B、C、D	任务一:了解电动汽车空调系统 任务二:拆检电动压缩机 任务三:故障排查 任务四:对故障情况进行分析	
1 课时	A、B、C、D	各组分享检测结果 讨论 学生自评	教师讲评

实训实施

实训开始前，学生分成 4 个小组，并填写表 8-1 的内容。

表 8-1　实训实施准备项目表

实训名称		小组成员	
设备工具			
资料			
工作计划制订			
教师评语			

知识延展与练习

电动汽车空调系统主要由电动压缩机、电动压缩机控制器、冷凝器、管路系统（液体管、压缩机排气管、压缩机吸气管）、室内温度传感器、室外温度传感器、日照传感器、空调主机（蒸发器、加热器、温度风门执行器、模式风门执行器、内外循环风门、鼓风器、蒸发器温度传感器）、膨胀阀、空调控制器等零部件构成。

电动汽车空调系统工作原理：空调系统起动之后，整车控制器发出指令通过压缩机控制器来驱动电动压缩机，驱使制冷剂在空调系统中循环流动。压缩机将气态制冷剂压缩成高温高压的制冷剂气体，并通过压缩机排气管输送到冷凝器，制冷剂在冷凝器内进行散热、降温、冷凝后成为中温高压的液态制冷剂，中温高压的液态制冷剂通过液体管到达膨胀阀释放成为低温低压的液态制冷剂，低温低压液态制冷剂进入蒸发器内并吸收流经蒸发器的空气热量，使周边空气温度降低，鼓风机将蒸发器周边空气吹出产生制冷效果。

传统空调系统中压缩机是通过传动带带动压缩机进行工作，无法对压缩机的转速进行有效的调节。电动汽车空调系统中压缩机是通过压缩机控制器来驱动的，可以通过电动压缩机控制器来控制压缩机的转速，使车内环境达到舒适的温度，因而空调系统能在最少能耗的情况下达到人体舒适性的要求。

实训评分

完成实训后，教师根据实际情况填写表8-2。

表8-2 实训评分表

序号	评分标准	配分	得分
1	实训准备和实训过程的认真仔细程度和实训态度	10	
2	技术资料应用情况	10	
3	团队工作计划与分工	10	
4	测量与检查记录或文件记录	10	
5	按专业要求做实训	10	
6	按专业要求使用量具、检验器具及工具	10	
7	注意遵守劳动与环保规定	10	
8	做好将车辆/系统交给客户之前的准备工作	10	
9	团队配合与沟通	10	
10	回答实训过程中教师的提问	10	
合计分数			

2.9　电动汽车制动系统电动真空泵的认知与检修

实训目标

- ➤ 掌握电动汽车制动系统的组成。
- ➤ 掌握电子真空助力泵的工作原理和结构。
- ➤ 掌握电子真空助力泵的维修要点。

实训情景

　　客户报修：车辆行驶过程中出现制动不灵敏现象。初步判断是真空助力泵故障。如果你是维修技师，请拟订维修方案，排除故障。

实训时间

- ➤ 4课时　　180min

实训实施条件

场所说明

- ➤ 车间或实训室

车辆、零件、辅料

- ➤ 实训车辆及电子真空助力泵

工具与设备

- ➤ 万用表
- ➤ 示波器
- ➤ 拆卸工具
- ➤ 诊断仪

信息资料

- ➤ 相关车型维修手册
- ➤ 电子真空助力泵电路图
- ➤ 设备使用说明书

实训组织与安排

分组进行，分别使用实训车辆及电子真空助力泵进行训练，完成后进行换组。

时间	组别	分组任务	备注
3 课时	A、B、C、D	任务一：了解整车制动系统构成 任务二：测试整车制动性能 任务三：检修电子真空助力泵	部分设备轮流使用
1 课时	A、B、C、D	各组分享检测结果 讨论 学生自评	教师讲评

实训实施

实训开始前，学生分成 4 个小组，并填写表 9-1 的内容。

表 9-1　实训实施准备项目表

实训名称		小组成员	
设备工具			
资料			
工作计划制订			
教师评语			

知识延展与练习

1. 电子真空助力系统构成

目前大部分的电动汽车的制动系统由电子真空助力泵和传统汽车制动管路等组成，参照下图了解电动汽车制动系统并熟悉各部分的工作原理和特性。

2. 电动真空助力泵测试

保持电动助力泵电路及制动管路连接正常，测量其电压及管路内部压力并填入表 9-2。

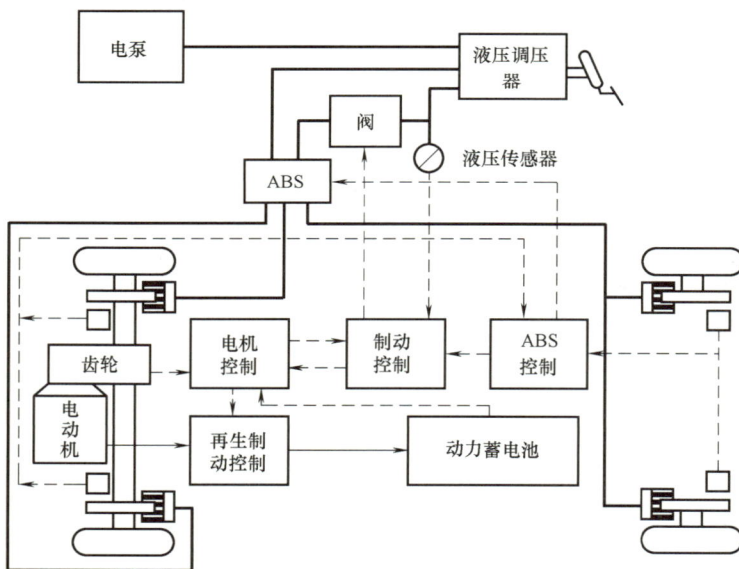

表 9-2　测试参数

序号	操作条件	测试参数
1	电动真空泵电阻	
2	储液罐内压力 /MPa	
3	管路内部压力 /MPa	
4	制动时的系统压力 /MPa	

实训评分

完成实训后，教师根据实际情况填写表 9-3。

表 9-3 实训评分表

序号	评分标准	配分	得分
1	实训准备和实训过程的认真仔细程度和实训态度	10	
2	技术资料应用情况	10	
3	团队工作计划与分工	10	
4	测量与检查记录或文件记录	10	
5	按专业要求做实训	10	
6	按专业要求使用量具、检验器具及工具	10	
7	注意遵守劳动与环保规定	10	
8	做好将车辆/系统交给客户之前的准备工作	10	
9	团队配合与沟通	10	
10	回答实训过程中教师的提问	10	
合计分数			

2.10 电动汽车转向系统的认知和维护

实训目标

- 掌握电动汽车转向系统的总体结构和车内布置。
- 掌握电动汽车转向系统的安装与更换过程。

实训情景

　　客户报修：电动汽车在行驶过程中突然失去转向助力，感觉转动转向盘非常沉重。初步判断故障是在电动机和控制部分。如果你是维修技师，请拟订维修方案，排除故障。

实训时间

- 4 课时　180min

实训实施条件

场所说明

- 车间或实训室

车辆、零件、辅料

- 实训用电助力转向系统

工具与设备

- 万用表
- 示波器
- 接线笔
- 诊断仪
- 专用工具，游标卡尺，分度计等

信息资料

- 相关车型维修手册
- 部件图样、电路图样
- 设备使用说明书

实训组织与安排

分组进行，分别使用转向管柱与转向器总成进行训练，完成后进行换组。

时间	组别	分组任务	备注
3 课时	A、B	任务一：分解电动助力转向系统部件 任务二：测量电动助力转向系统部件 任务三：测量电动助力转向系统电动机 任务四：组装电动助力转向系统	部分设备轮流使用
1 课时	A、B	各组分享检测结果 讨论 学生自评	教师讲评

实训实施

实训开始前，学生分成两个小组，并填写表 10-1 的内容。

表 10-1　实训实施准备项目表

实训名称		小组成员	
设备工具			
资料			
工作计划制订			
教师评语			

知识延展与练习

1. 电动助力转向系统工作测试

1）比较电动助力转向系统工作前、后的操纵力度变化，以及在不同车速下电动助力转向系统提供的助力大小。

2）保持电动助力转向系统 ECU 和电动机的供电和信号电路连接正常，测量各种情况下 ECU 输出的电流大小；转向盘向一侧旋转角度、角速度和转向横拉杆伸缩长短之间的关系。

序号	操作条件	ECU 输出电流大小	转向盘旋转角度	转向盘旋转角速度	转向横拉杆伸缩长短
1	转速 0r/min				
2	转速 1000r/min				
3	转速 2000r/min				
4	转速 3000r/min				
5	转速 4000r/min				
6	转速 5000r/min				
7	急加速				

2. 测量转向柱调节以后的输出特性

1）观察转向管柱上下、前后调节到极限位置时的输出特性。

2）测量极限位置时，各种情况下 ECU 输出的电流大小；转向盘向一侧旋转角度、角速度和转向横拉杆伸缩长短之间的关系。（一共 4 个方向，4 组表格，表格形式如下）

序号	操作条件	ECU 输出电流大小	转向盘旋转角度	转向盘旋转角速度	转向横拉杆伸缩长短
1	转速 0r/min				
2	转速 1000r/min				
3	转速 2000r/min				
4	转速 3000r/min				
5	转速 4000r/min				
6	转速 5000r/min				

实训评分

完成实训后，教师根据实际情况填写表 10-2。

表 10-2　实训评分表

序号	评分标准	配分	得分
1	实训准备和实训过程的认真仔细程度和实训态度	10	
2	技术资料应用情况	10	
3	团队工作计划与分工	10	
4	测量与检查记录或文件记录	10	
5	按专业要求做实训	10	
6	按专业要求使用量具、检验器具及工具	10	
7	注意遵守劳动与环保规定	10	
8	做好将车辆/系统交给客户之前的准备工作	10	
9	团队配合与沟通	10	
10	回答实训中教师的提问	10	
	合计分数		

2.11 电动汽车充电设备的检修与维护

实训目标

- ➤ 掌握充电设备的结构和组成。
- ➤ 掌握充电设备的工作原理。
- ➤ 掌握充电设备的故障诊断。

实训情景

客户报修：电动汽车在充电过程中无法充电。经初步诊断是充电桩故障。如果你是维修技师，请拟订维修方案，排除故障。

实训时间

- ➤ 4 课时　　180min

实训实施条件

场所说明

- ➤ 车间或充电站

车辆、零件、辅料

- ➤ 实训车辆及充电桩

工具与设备

- ➤ 万用表
- ➤ 示波器
- ➤ 拆卸工具
- ➤ 诊断仪

信息资料

- ➤ 相关车型维修手册
- ➤ 充电系统电路图
- ➤ 充电桩使用说明书

实训组织与安排

分组进行，分别使用实训车辆和充电桩进行训练，完成后进行换组。

时间	组别	分组任务	备注
3课时	A、B、C、D	任务一：检测充电系统 任务二：测试充电桩电压及系统 任务三：检修充电桩 任务四：验证整车充电	部分设备轮流使用
1课时	A、B、C、D	各组分享检测结果 讨论 学生自评	教师讲评

实训实施

实训开始前，学生分成4个小组，并填写表11-1的内容。

表 11-1　实训实施准备项目表

实训名称		小组成员	
设备工具			
资料			
工作计划制订			
教师评语			

知识延展与练习

1. 更换车载充电机

检修流程：

1）将车辆停放好，拉紧驻车制动器手柄。

2）打开充电接口盖，将交流充电电缆两端分别插入桩体和车端。

3）起动交流充电桩，并检查车载充电机指示灯。查看车载充电机指示灯是否亮起。

4）当确认车载充电机存在故障后，断开交流充电桩与车辆的连接电缆。

5）关闭车端交流充电接口盖。

6）关闭钥匙门并取走钥匙。确认全车电源已关闭，车辆处于静止停放状态。

7）断开前机舱内12V蓄电池的负极电缆。通过断开低压端电源保证全车高压电断开。

8）保持车辆静置10min，准备相关拆卸工具。保证车辆高压设备中的电容等元器件的残余电量自行释放完毕。

9）使用专用工具拆卸固定螺栓，如下图所示。

10）断开低压通信端、直流输出端和交流输入端的接线，如下图所示。

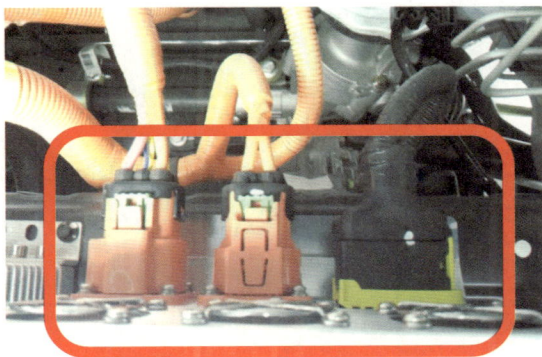

断开车载充电机连接线

11）更换可以正常工作的车载充电机，并按接口连接相关电缆，紧固螺栓。

12）复位低压蓄电池负极电缆，打开充电接口盖，将交流充电电缆两端分别插入桩体和车端。

13）起动交流充电桩，并检查车载充电机指示灯。

14）确认交流充电正常后，关闭充电系统。

15）检查螺栓紧固情况，并检查前机舱内其他设备的情况。

16）拆卸翼子板布和前罩，关闭前机舱盖。

2. 检查交流充电桩

1) 对车辆进行充电，检查车载充电机的指示灯是否显示正常。

2) 当接通交流电源后，POWER 灯亮起，表示电源接入正常。

3) POWER 灯与 RUN 灯亮起，表示车辆充电正常。

4) 当接入电源后，经过 1min 后充电桩指示灯仍未亮，则说明充电桩有故障。

5) 断开与车辆的充电线。

6) 断开充电桩的电源。

7) 打开充电桩后背板或检查板。

8) 检查充电桩内部熔断器及相关连接。

9) 更换损坏的部件或熔断器装置。

10) 盖好后背板或检查板。

11) 合闸，检查充电桩是否正常起动。

12) 重新连接车辆与充电桩。

13) 启动充电流程，检查充电桩工作状况。

实训评分

完成实训后，教师根据实际情况填写表 11-2。

表 11-2 实训评分表

序号	评分标准	配分	得分
1	实训准备和实训过程的认真仔细程度和实训态度	10	
2	技术资料应用情况	10	
3	团队工作计划与分工	10	
4	测量与检查记录或文件记录	10	
5	按专业要求做实训	10	
6	按专业要求使用量具、检验器具及工具	10	
7	注意遵守劳动与环保规定	10	
8	做好将车辆/系统交给客户之前的准备工作	10	
9	团队配合与沟通	10	
10	回答实训中教师的提问	10	
合计分数			

2.12 燃料电池电动汽车及相关系统认知

实训目标

- ➤ 掌握燃料电池电动汽车的整车布局及结构。
- ➤ 掌握燃料电池电堆系统的工作原理和技术特点。
- ➤ 掌握燃料电池系统控制器的测试及数据分析方法。
- ➤ 掌握燃料电池电动汽车加氢的相关要求。

实训情景

客户报修：燃料电池电动汽车在行驶过程中出现电堆系统报警，电堆出现不工作等问题。如果你是维修技师，请拟订维修方案，排除故障。

实训时间

- ➤ 4 课时   180min

实训实施条件

场所说明

- ➤ 车间或实训室

车辆、零件、辅料

- ➤ 实训车辆或燃料电池系统

工具与设备

- ➤ 检测仪
- ➤ 万用表
- ➤ 示波器
- ➤ 相关维修拆卸工具

信息资料

- ➤ 相关车型维修手册
- ➤ 燃料电池系统原理图
- ➤ 操作手册及设备使用说明书

分组进行，分别使用实训车辆或台架进行训练，完成后进行换组。

时间	组别	分组任务	备注
3课时	A、B、C、D	任务一：认知燃料电池电动汽车整车的结构 任务二：认知整车控制系统 任务三：认知燃料电池系统的结构 任务四：认知氢气加注及相关流程	部分设备轮流使用
1课时	A、B、C、D	各组分享检测结果 讨论 学生自评	教师讲评

实训实施 ▶

实训开始前，学生分成4个小组，并填写表12-1的内容。

表12-1　实训实施准备项目表

实训名称		小组成员	
设备工具			
资料			
工作计划制订			
教师评语			

知识延展与练习 ▶

1. 燃料电池电动汽车整车结构认知

1）观察燃料电池电动汽车整车的结构以及与纯电动汽车的异同。

2）了解电堆及动力蓄电池的布置位置及相关特性。

2. 电堆系统测试

序号	操作条件	相关数据
1	单体蓄电池电压/V	
2	总电压/V	
3	冷起动温度/℃	
4	输出电流/A	
5	冷却液温度/℃	

3. 氢气加注环节

1）了解供氢系统的组成、氢气瓶的布置位置。

2）氢气加注。

序号	操作条件	数据或步骤
1	起动加氢设备并除静电	
2	氢气加注阶段	
3	第一级加压压力/MPa	
4	第二级加压压力/MPa	
5	加注时间/min	
6	结束后关闭加氢系统	

实训评分

完成实训后，教师根据实际情况填写表 12-2。

表 12-2　实训评分表

序号	评分标准	配分	得分
1	实训准备和实训过程的认真仔细程度和实训态度	10	
2	技术资料应用情况	10	
3	团队工作计划与分工	10	
4	测量与检查记录或文件记录	10	
5	按专业要求做实训	10	
6	按专业要求使用量具、检验器具及工具	10	
7	注意遵守劳动与环保规定	10	
8	做好将车辆/系统交给客户之前的准备工作	10	
9	团队配合与沟通	10	
10	回答实训过程中教师的提问	10	
合计分数			

2.13 智能网联系统及关键部件认知

实训目标

➤ 掌握智能网联系统在整车的布局及安装位置。
➤ 掌握智能网联系统的工作原理和技术特点。
➤ 掌握智能网联控制器的测试和故障诊断方法。
➤ 掌握智能网联关键部件的安装和维护要求。

实训情景

客户报修：在车辆倒车时，自动泊车系统未能启动、360°环视影像未工作。如果你是维修技师，请拟订维修方案，排除故障。

实训时间

➤ 4 课时　　180min

实训实施条件

场所说明

➤ 车间或实训室

车辆、零件、辅料

➤ 实训车辆或智能网联系统和关键部件

工具与设备

➤ OBD 手持式数据分析仪
➤ 万用表
➤ 示波器
➤ 相关维修拆卸工具

信息资料

➤ 相关车型维修手册
➤ 智能网联系统电气原理图
➤ 操作手册及设备使用说明书

分组进行，分别使用实训车辆或台架进行训练，完成后进行换组。

时间	组别	分组任务	备注
3 课时	A、B、C、D	任务一：认识智能网联系统在整车上的布局位置 任务二：认知智能网联系统控制逻辑及连接 任务三：认识智能网联系统关键部件的结构 任务四：读取智能网联系统的数据信号	拆装及检测设备轮流使用
1 课时	A、B、C、D	各组分享拆装、测试结果 讨论 学生自评	教师讲评

实训实施

实训开始前，学生分成小组，并填写表 13-1 的内容。

表 13-1 实训实施准备项目表

实训名称		小组成员	
设备工具			
资料			
工作计划制订			
教师评语			

知识延展与练习

1. 智能网联汽车整体认知与熟悉

1）了解智能网联系统关键部件的分类和用途。

2）了解智能网联汽车的分类以及不同分类的差异。

2. 关键部件测试

序号	部件名称	测试数据流信息
1	激光雷达	
2	毫米波雷达	
3	超声波雷达	
4	摄像头	

3. 智能驾驶系统实操

针对智能驾驶实训车，开展自动泊车入库、低速车辆跟随及自适应巡航等系统的操作及控制，了解其工作原理。

实训评分

完成实训后，教师根据实际情况填写表 13-2。

表 13-2 实训评分表

序号	评分标准	配分	得分
1	实训准备和实训过程的认真仔细程度和实训态度	10	
2	技术资料应用情况	10	
3	团队工作计划与分工	10	
4	测量与检查记录或文件记录	10	
5	按专业要求做实训	10	
6	按专业要求使用 OBD 数据分析仪及其他工具	10	
7	注意遵守劳动纪律和操作规范	10	
8	做好车辆/系统交给客户之前的准备工作	10	
9	团队配合与沟通	10	
10	回答实训过程中教师的提问	10	
	合计分数		